应用型本科院校“十三五”规划教材/经济管理类

U0797124

Comprehensive Training of Accounting Position

会计岗位综合实训

（第2版）

主　编　于晓菲　赵　君
副主编　吴国辉　李宏卓

哈爾濱工業大學出版社
HARBIN INSTITUTE OF TECHNOLOGY PRESS

内 容 简 介

本书是以企业会计准则和相关法律、法规为基础，针对企业会计基本工作岗位设计的实训教材。全书共分十章，分别对出纳、材料会计、固定资产会计、往来结算会计、职工薪酬会计、成本核算会计、财务成果核算会计、资本金核算会计、税务会计、总账报表会计等岗位的基本职责和业务流程进行了介绍，并对学生提出了明确的实训目的与要求，重点训练学生填制原始凭证、编制记账凭证以及登记账簿的能力。

本书可作为高等院校会计学专业和财务管理专业的实训教材，也可作为相关从业人员的培训教材。

图书在版编目（CIP）数据

会计岗位综合实训/于晓菲，赵君主编. —2 版. —哈尔滨：哈尔滨工业大学出版社，2017.1
应用型本科院校“十三五”规划教材
ISBN 978-7-5603-6333-2

Ⅰ. ①会… Ⅱ. ①于… ②赵…Ⅲ. ①会计学—高等学校—教材 Ⅳ. ①F230

中国版本图书馆 CIP 数据核字（2016）第 301743 号

策划编辑 杜　燕　赵文斌
责任编辑 李广鑫
出版发行 哈尔滨工业大学出版社
社　　址 哈尔滨市南岗区复华四道街 10 号 邮编 150006
传　　真 0451-86414749
网　　址 http://hitpress.hit.edu.cn
印　　刷 哈尔滨久利印刷有限公司
开　　本 787mm×1092mm　1/16　印张 23 字数 245 千字
版　　次 2013 年 1 月第 1 版　2017 年 1 月第 2 版
　　　　 2017 年 1 月第 1 次印刷
书　　号 ISBN 978-7-5603-6333-2
定　　价 44.80 元

（如因印装质量问题影响阅读，我社负责调换）

《应用型本科院校“十三五”规划教材》编委会

主　任　修朋月　竺培国

副主任　王玉文　吕其诚　线恒录　李敬来

委　员　（按姓氏笔画排序）

丁福庆　于长福　马志民　王庄严　王建华

王德章　刘金祺　刘宝华　刘　通　刘福荣

关晓冬　李云波　杨玉顺　吴知丰　张幸刚

陈江波　林　艳　林文华　周方圆　姜思政

庹　莉　韩毓洁　蔡柏岩　臧玉英　霍　琳

序

哈尔滨工业大学出版社策划的《应用型本科院校"十三五"规划教材》即将付梓，诚可贺也。

该系列教材卷帙浩繁，凡百余种，涉及众多学科门类，定位准确，内容新颖，体系完整，实用性强，突出实践能力培养。不仅便于教师教学和学生学习，而且满足就业市场对应用型人才的迫切需求。

应用型本科院校的人才培养目标是面对现代社会生产、建设、管理、服务等一线岗位，培养能直接从事实际工作、解决具体问题、维持工作有效运行的高等应用型人才。应用型本科与研究型本科和高职高专院校在人才培养上有着明显的区别，其培养的人才特征是：①就业导向与社会需求高度吻合；②扎实的理论基础和过硬的实践能力紧密结合；③具备良好的人文素质和科学技术素质；④富于面对职业应用的创新精神。因此，应用型本科院校只有着力培养"进入角色快、业务水平高、动手能力强、综合素质好"的人才，才能在激烈的就业市场竞争中站稳脚跟。

目前国内应用型本科院校所采用的教材往往只是对理论性较强的本科院校教材的简单删减，针对性、应用性不够突出，因材施教的目的难以达到。因此亟须既有一定的理论深度又注重实践能力培养的系列教材，以满足应用型本科院校教学目标、培养方向和办学特色的需要。

哈尔滨工业大学出版社出版的《应用型本科院校"十三五"规划教材》，在选题设计思路上认真贯彻教育部关于培养适应地方、区域经济和社会发展需要的"本科应用型高级专门人才"精神，根据前黑龙江省委书记吉炳轩同志提出的关于加强应用型本科院校建设的意见，在应用型本科试点院校成功经验总结的基础上，特邀请黑龙江省 9 所知名的应用型本科院校的专家、学者联合编写。

本系列教材突出与办学定位、教学目标的一致性和适应性，既严格遵照学科体系的知识构成和教材编写的一般规律，又针对应用型本科人才培养目标及与之相适应的教学特点，精心设计写作体例，科学安排知识内容，围绕应用讲授理论，做到“基础知识够用、实践技能实用、专业理论管用”。同时注意适当融入新理论、新技术、新工艺、新成果，并且制作了与本书配套的PPT多媒体教学课件，形成立体化教材，供教师参考使用。

《应用型本科院校“十三五”规划教材》的编辑出版，是适应“科教兴国”战略对复合型、应用型人才的需求，是推动相对滞后的应用型本科院校教材建设的一种有益尝试，在应用型创新人才培养方面是一件具有开创意义的工作，为应用型人才的培养提供了及时、可靠、坚实的保证。

希望本系列教材在使用过程中，通过编者、作者和读者的共同努力，厚积薄发、推陈出新、细上加细、精益求精，不断丰富、不断完善、不断创新，力争成为同类教材中的精品。

黑龙江省教育厅厅长

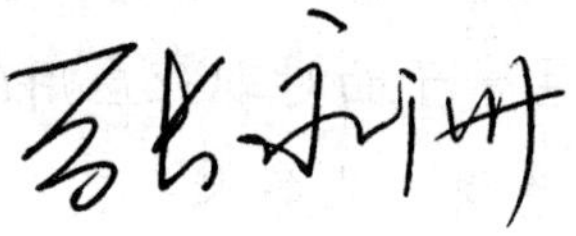

第 2 版前言

本书是以企业会计准则和相关法律、法规为基础，针对企业会计基本工作岗位设计的实训教材。本实训教材分别对出纳、材料会计、固定资产会计、往来结算会计、职工薪酬会计、成本核算会计、财务成果核算会计、资本金核算会计、税务会计、总账报表会计等岗位的基本职责和业务流程进行了介绍，并对学生提出了明确的实训目的与要求，各岗位业务内容设计比较全面、具体，重点训练学生填制原始凭证、编制记账凭证以及登记账簿的能力。

本书是 2011 年度黑龙江省高等教育教学改革项目“会计教学改革与创新应用型人才培养模式的研究与实践”的成果之一。本书可作为高等院校会计学专业和财务管理专业的实训教材，也可作为相关从业人员的培训教材。

本书由于晓菲和赵君担任主编，吴国辉和李宏卓担任副主编。于晓菲负责拟定编写大纲、结构设计以及全书的修改、总纂及定稿工作。编写工作的具体分工如下：于晓菲（黑龙江东方学院）编写第四章、第五章、第七章、第九章；赵君（黑龙江财经学院）编写第一章、第二章、第三章；吴国辉（黑龙江省医保局）编写第六章、第十章；李宏卓（黑龙江外国语学院）编写第八章；王慧瑜（黑龙江东方学院）、王兰（黑龙江东方学院）参与全书图表的修正工作。

本书在编写过程中参阅了有关文献资料和同类教材，在此一并表示感谢！

由于编者水平有限，书中不当或疏漏之处在所难免，恳请读者指正，以便今后修改完善。

编　者

2016 年 11 月

目　　录

第一章 出纳岗位实训

1.1 出纳岗位职责

（1）负责保管好库存现金、有价证券以及空白支票、银行汇票等有关票证，并保管好有关印章。

（2）依据国家有关银行结算制度的规定，办理银行结算业务。每日终了，应计算全日银行存款的收入合计数、付出合计数和结余数，随时掌握各银行户头余额，防止签发空头支票。

（3）依据国家有关现金管理制度的规定，根据会计人员审核的凭证，办理现金的收、付款。出纳人员不得用白条子或单据抵作库存，不得私自挪用库存现金。

（4）每天依据收付款凭证登记日记账。现金每天应与现金日记账核对，发现现金浮多或短少要及时报告领导，查明原因，按有关规定处理；月末，银行存款日记账应及时与银行对账单核对，并与有关账户核对，避免拖、错、漏等情况发生。

（5）坚持出纳工作报告制度。每日终了填制出纳员报告表或货币资金结存情况表，以便会计主管和单位领导能够及时掌握货币资金的收支情况，检查对国家方针政策和制度的执行情况，发现问题及时纠正。

（6）按照国家外汇管理和结汇制度的规定及有关文件办理外汇出纳业务。

1.2 出纳岗位业务流程

出纳岗位业务流程如图 1.1、图 1.2、图 1.3、图 1.4、图 1.5 所示。

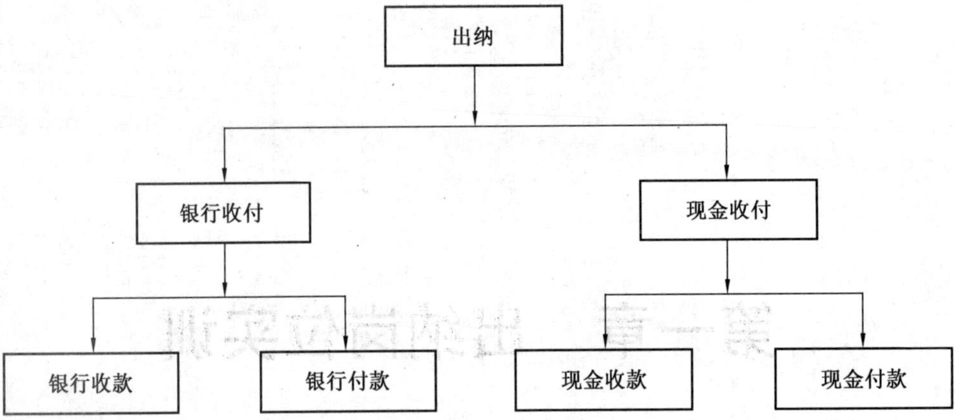

图 1.1 出纳岗位业务流程图

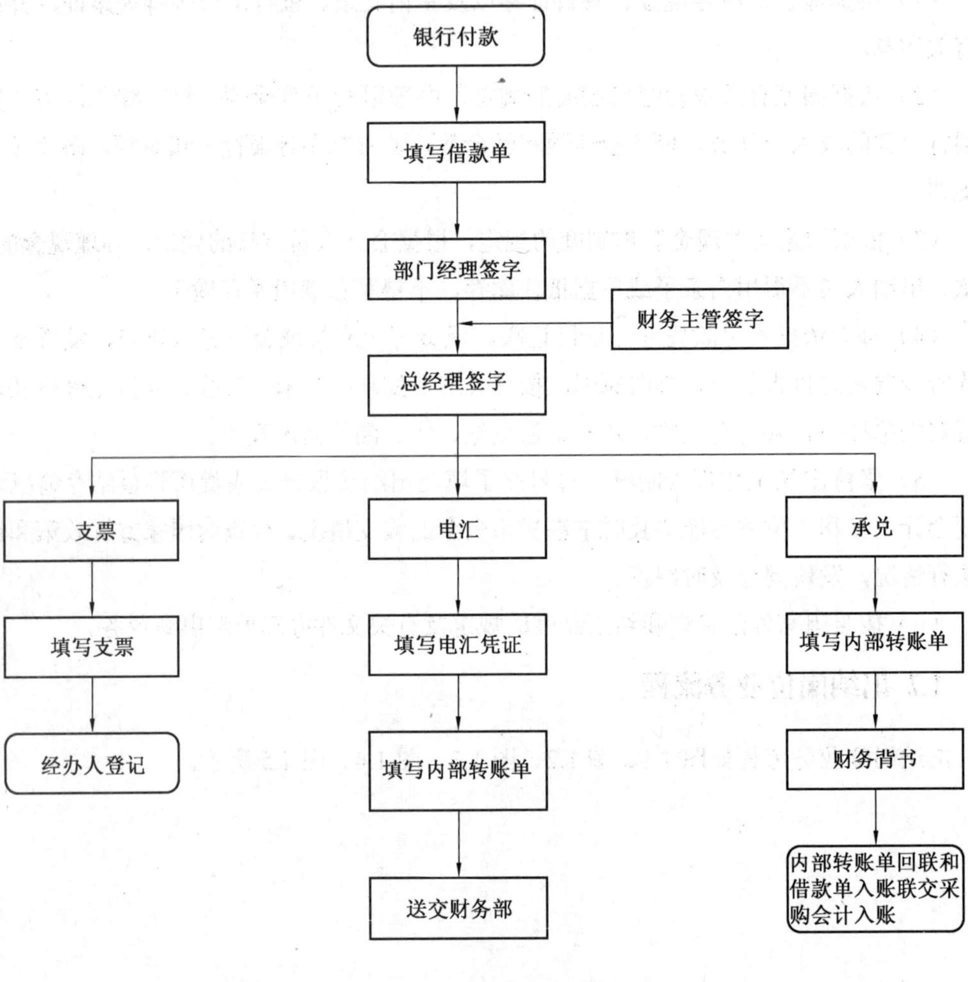

图 1.2 银行付款业务流程图

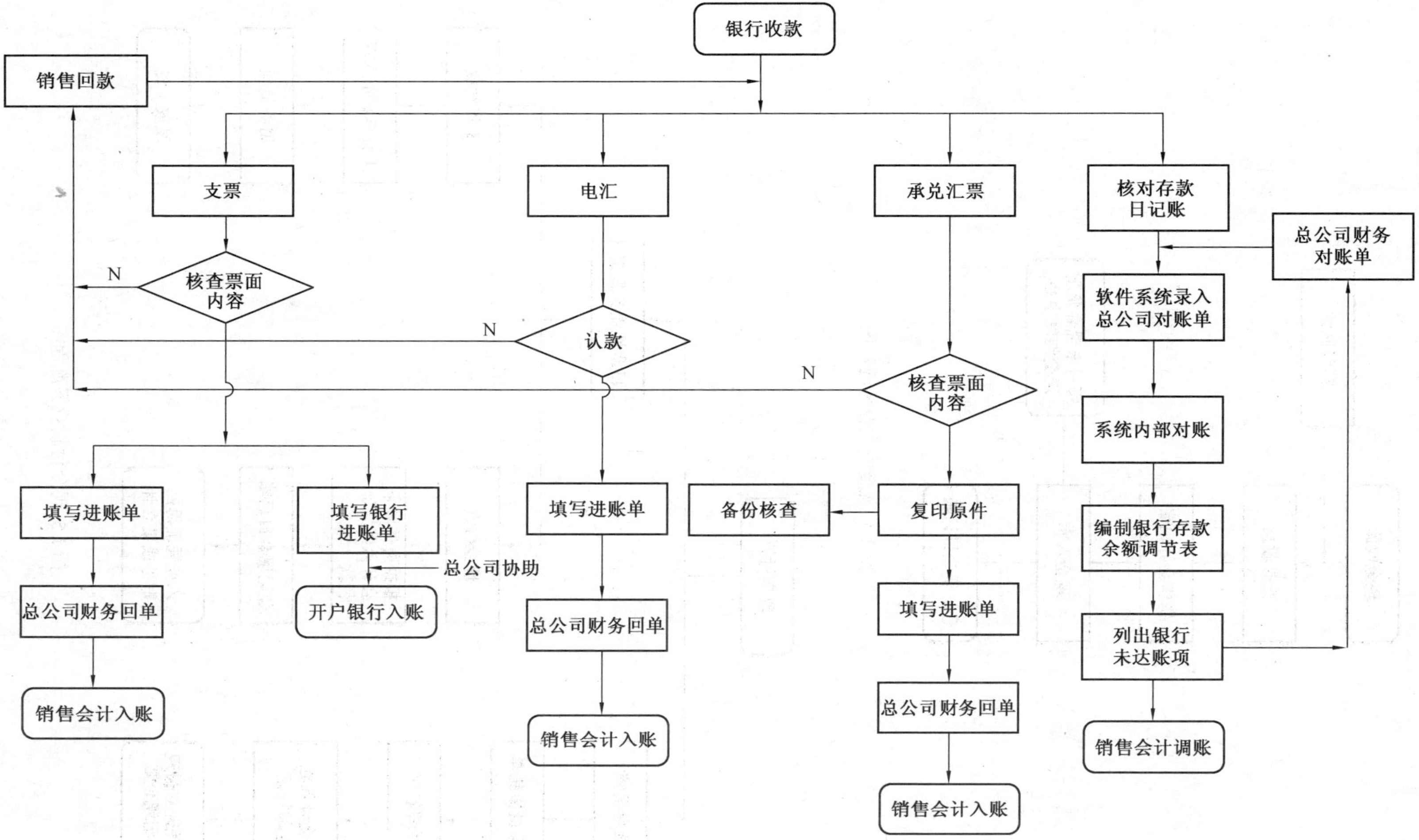

图1.3 银行收款业务流程图

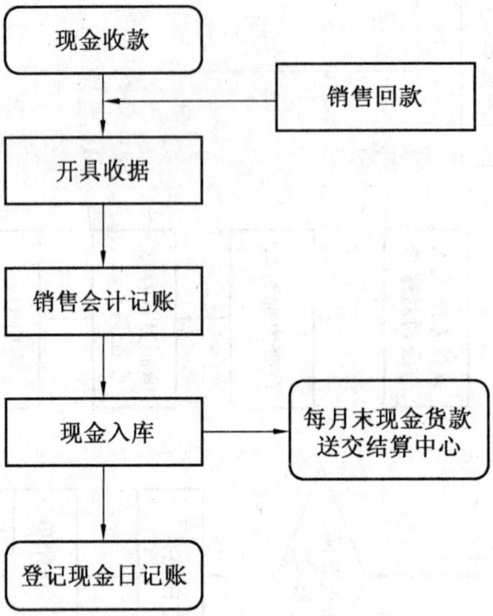

图 1.4 现金收款业务流程图

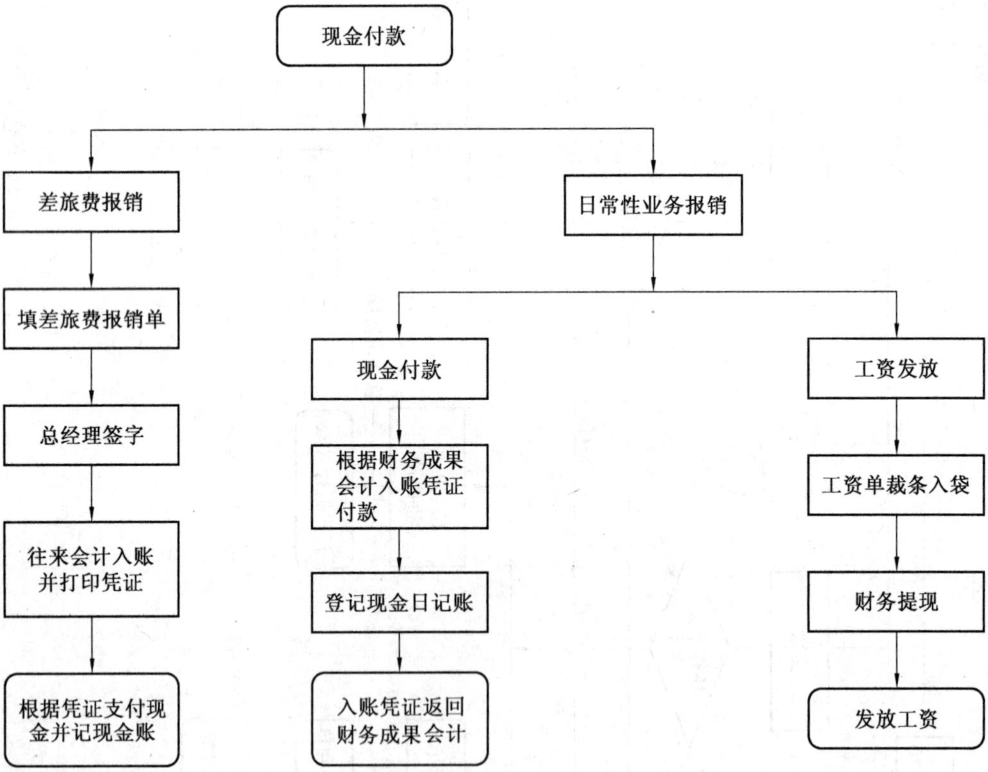

图 1.5 现金付款业务流程图

1.3 出纳岗位实训目的与要求

一、实训目的

通过本岗位的实训，使学生全面了解出纳岗位的基本职责和业务流程；掌握货币资金收付结算与核算的内容和方法；掌握银行存款余额调节表的编制方法；掌握日记账的设置与登记方法。

二、实训要求

（1）补填原始凭证（附件 1.21.1、附件 1.22.1）。

（2）根据经济业务编制记账凭证。

（3）编制银行存款余额调节表。

（4）设立、登记库存现金、银行存款日记账，并进行对账与结账。

1.4 出纳岗位实训内容

一、企业基本情况

企业名称：哈尔滨翌翔股份有限公司

注册资本：1 000 万元

地址：哈尔滨市南岗区 88 号

营业执照：020886364

经营范围：生产及销售 A、B 两种产品

法人代表：张仁军

税务登记号：230103789102603

电话：0451 -88617788

开户银行：中国工商银行黑龙江分行先锋办事处

基本账号：03510108212008

本企业 2015 年 11 月末银行存款日记账余额：655 000.00 元；库存现金日记账余额：1 860.00 元。

二、实训资料

附件 1.1.1

中国工商银行

现金支票存根

X Ⅵ 285631

科　　目______________

对方科目______________

出票日期 2015年12月1日

收款人：翌翔股份公司
金　额：2 000.00
用　途：备用金

单位主管　　会计 张平

附件 1.2.1

101040209　　黑龙江省增值税专用发票　　**№ 4005010**

记账联

开票日期：　2015年12月4日

购货单位	名　　称：泰山工厂 纳税人识别号：370982310042173 地 址、电 话：泰山市解放路12号 226214 开户行及账号：工行泰西营业部 2403115432	密码区

货物或应税劳务名称	规格型号	单位	数量	单价	金额	税率	税额
A产品		台	150	2 000	300 000.00	17%	51 000.00
合　计					300 000.00		51 000.00
价税合计(大写)	※叁拾伍万壹仟元整				（小写）¥351 000.00		

销货单位	名　　称：哈尔滨翌翔股份有限公司 纳税人识别号：230103789102603 地 址、电 话：哈尔滨市南岗区88号0451-88617788 开户行及账号：工行先锋办事处035-1010-8212008	备注	哈尔滨翌翔股份有限公司 230103789102603 发票专用章

第四联 记账联

收款人：　　　　复核：　　　　开票人：　　　　销货单位：（章）

附件 1.2.2

销售产品出库单

购货单位：泰山工厂　　　　　　2015-12-4　　　　　　编　号：1201

产品编号	产品名称	型号规格	单位	数量	单位成本	金额	备注
	A产品		台	150	1 500.00	225 000.00	
备　注				结算方式	支票	运输方式	自提

第三联　财务记录

部长：王丽　　　　　　发货：田杨　　　　　　制单：马成

附件 1.2.3

中国工商银行　进账单（收账通知）

2015 年 12 月 4 日

出票人	全称	泰山工厂	收款人	全称	哈尔滨翌翔股份有限公司
	账号	2403115432		账号	035-1010-8212008
	开户银行	工行泰西营业部		开户银行	工行先锋办事处
金额	人民币（大写）	叁拾伍万壹仟元整		亿千百十万千百十元角分	￥35100000
票据种类	转账支票	票据张数	1		
票据号码					
复核　　记账			中国工商银行股份有限公司哈尔滨 先锋办事处 核算专用章 (03)　收款人开户银行签章		

此联是收款人的收账通知

附件 1.3.1

287402621　**黑龙江省增值税专用发票**　№ 38645392

发票联

开票日期:　2015年12月5日

购货单位	名　　称：哈尔滨翌翔股份有限公司 纳税人识别号：230103789102603 地 址、电 话：哈尔滨市南岗区88号0451-88617788 开户行及账号：工行先锋办事处035-1010-8212008			密码区			
货物或应税劳务名称	规格型号	单位	数量	单价	金额	税率	税额
广告费					9,433.96	6%	566.04
合　计					9,433.96		566.04
价税合计(大写)	※壹万元整				小写	￥10,000.00	
销货单位	名　　称：哈尔滨腾飞广告公司 纳税人识别号：230106235101145 地 址、电 话：哈尔滨市南岗区55号0451-86135982 开户行及账号：农行和兴路办035-1211-62192095			备注			

第二联　发票联

收款人：张立　　复核：王红　　开票人：李广　　销货单位：（章）

附件 1.3.2

中国工商银行

转账支票存根

X Ⅵ 164706

科　　目________

对方科目________

出票日期 2015年12月5日

收款人：
金　额：10 000.00
用　途：

单位主管　　　　会计

附件 1.4.1

121040215　　广东省增值税专用发票　　№ 23465312

发票联

开票日期：　2015年12月6日

购货单位		密码区	
名　　称：	哈尔滨翌翔股份有限公司		
纳税人识别号：	230103789102603		
地 址、电 话：	哈尔滨市南岗区88号0451-88617788		
开户行及账号：	工行先锋办事处035-1010-8212008		

货物或应税劳务名称	规格型号	单位	数量	单价	金额	税率	税额
乙材料		千克	1000	99.80	99 800.00	17%	16 966.00
合　计					99 800.00		16 966.00
价税合计(大写)	※壹拾壹万陆仟柒佰陆拾陆元整				(小写)	¥116 766.00	

销货单位		备注	
名　　称：	顺德有限公司		顺德有限公司 440103789108988 发票专用章
纳税人识别号：	440103789108988		
地 址、电 话：	广东顺德东路1号015-12345678		
开户行及账号：	工行华东办事处015-1015-75283256		

收款人：　　复核：李莎　　开票人：张红　　销货单位：（章）

第二联　发票联

附件 1.4.2

银 行 承 兑 汇 票　　2　　$\frac{AB}{01}$　1560241

出票日期（大写）　贰零壹伍年壹拾贰月零陆日

付款人			收款人		
	全称	哈尔滨翌翔股份有限公司		全称	顺德有限公司
	账号	035-1010-8212008		账号	015-1015-75283256
	开户银行	工行先锋办事处		开户银行	工行华东办事处

出票金额	人民币（大写） 壹拾壹万陆仟柒佰陆拾陆元整	亿	千	百	十	万	千	百	十	元	角	分
				¥	1	1	6	7	6	6	0	0

汇票到期日（大写）	贰零壹陆年零叁月零陆日	付款人开户行	行号	035
交易合同号码	18676		地址	哈尔滨市先锋路126号

本汇票已经承兑，到期无条件支付票款。 承兑人签章 承兑日期：年　月　日	本汇票请予以承兑于到期日付款。 哈尔滨翌翔股份有限公司财务专用章　张仁军印 出票人签章

此联持票人开户行随托收凭证寄付款人开户行作借方凭证附件

附件 1.4.3

材料入库验收单

验收日期：2015 年 12 月 6 日　　　　编号：1202

品名	规格	单位	数量		实际价格				计划价格	
			订单数	实际数	单价	总价	运杂费	合计	单价	合计
乙材料		千克		1 000	99.80	99 800.00		99 800.00		
合计						99 800.00		99 800.00		
备注										

供销主管：王宁　　验收主管：张一　　采购：刘贵

附件 1.5.1

中国工商银行银行汇票申请书（存根）

2015年12月7日

收款人	顺德有限责任公司			汇款人	哈尔滨翌翔股份有限公司
账号或住址	015-1015-75283256			账号或住址	035-1010-8212008
兑付地点	广东省广州市	兑付行	工行华东办事处	汇款用途	货款
汇票金额	人民币贰拾贰万叁仟元整				

千	百	十	万	千	百	十	元	角	分
	¥	2	2	3	0	0	0	0	0

哈尔滨翌翔股份有限公司财务专用章　　张军印仁

科　目 ________

对方科目 ________

财务主管　　复核　　经办

附件 1.6.1

中国工商银行信汇凭证（付款通知单）　1

委托日期：贰零壹伍年壹拾贰月零捌日　　　　第 5103 号

汇款人	全称	哈尔滨翌翔股份有限公司		收款人	全称	光华有限责任公司	
	账号或住址	035-1010-8212008			账号或住址	674980729805	
	汇出地点	黑龙江省 市/县	汇出行名称：工行先锋办		汇入地点	辽宁省 市/县	汇入行名称：工行红河支行

金额	千	百	十	万	千	百	十	元	角	分
人民币：（大写）贰拾捌万元整		￥	2	8	0	0	0	0	0	0

汇款用途：付货款

汇出行盖章　中国工商银行股份有限公司哈尔滨分行 先锋办事处 核算专用章 (03)　　年12月18日

单位主管　　会计　　复核　　记账

此联汇出行给汇款人的付款通知单

附件 1.7.1

121040215　　# 广东省增值税专用发票　　**№ 23465312**

发票联　　　　开票日期：2015年12月8日

购货单位	名　　称：哈尔滨翌翔股份有限公司 纳税人识别号：230103789102603 地 址、电 话：哈尔滨市南岗区88号0451-88617788 开户行及账号：工行先锋办事处035-1010-8212008	密码区	

货物或应税劳务名称	规格型号	单位	数量	单价	金额	税率	税额
甲材料		千克	2 000	95.00	190 000.00	17%	32 300.00
合　计					190 000.00		32 300.00
价税合计(大写)	※贰拾贰万贰仟叁佰元整				(小写) ￥222 300.00		

销货单位	名　　称：顺德有限公司 纳税人识别号：440103789108988 地 址、电 话：广东顺德东路1号015-12345678 开户行及账号：工行华东办事处015-1015-75283256	备注	顺德有限公司 440103789108988 发票专用章

收款人：　　复核：李莎　　开票人：张红　　销货单位：（章）

第二联 发票联

附件 1.7.2

中国工商银行

付款期限 壹个月

银行汇票（解讫通知）3 票号

出票日期（大写）贰零壹伍年壹拾贰月零柒日	代理付款行：工行　行号：986
收款人：顺德有限责任公司	账号：015101575283256
出票金额 人民币（大写） 贰拾贰万叁仟元整	

实际结算金额 人民币（大写） 贰拾贰万贰仟叁佰元整	千	百	十	万	千	百	十	元	角	分
		¥	2	2	2	3	0	0	0	0

此联代理付款行兑付后随报单寄出票行

申请人：哈尔滨翌翔股份有限公司　账号：0351010-8212-008

出票行：工行先锋办事处　行号：

备注：

代理付款行签章

复核　经办　王洋

密押：										
多余金额										
千	百	十	万	千	百	十	元	角	分	
				¥	7	0	0	0	0	复核　记账

附件 1.8.1

收　据

入账日期 2015 年 12 月 9 日

交款单位 达通有限责任公司　收款方式 转账支票

人民币(大写) 捌万元整　¥80 000.00

收款事由 预收购货款

哈尔滨翌翔股份有限公司 2015.12.9 转账收讫

2015年　12 月　9 日

第三联　收款单位

财会主管　记账　出纳 张平　审核　经办 赵丽

附件 1.8.2

中国工商银行 进账单（收账通知）

2015 年 12 月 9日

出票人	全称	达通有限责任公司	收款人	全称	哈尔滨翌翔股份有限公司
	账号	035-1010-3672841		账号	035-1010-8212008
	开户银行	工行南马路支行		开户银行	工行先锋办事处
金额	人民币（大写）	捌万元整		亿 千 百 十 万 千 百 十 元 角 分	￥ 8 0 0 0 0 0 0
票据种类		票据张数			
票据号码				收款人开户银行签章	
复核		记账			

此联是收款人的收账通知

附件 1.9.1

税收通用缴款书

隶属关系： № 0352865

注册类型： 填发日期： 2015 年12月10日 征收机关：南岗税务局

缴款单位（人）	代 码	230103-789102603	预算科目	编码	101090300
	全 称	哈尔滨翌翔有限公司		名称	增值税
	开户银行	工行先锋办事处		级次	市级100%
	账 号	035-1010-8212008	收款国库		工行先锋支行
税款所属时期 2015年11月 1-30日			税款限缴时期 2015年12月15日		

品目名称	课税数量	计税金额或销售收入	税率或单位税额	已缴或扣除额	实缴金额
增值税		588 235.00	17%		100 000.00
金额合计	（大写）壹拾万元整				
缴款单位（人）（盖章）经办人（章）	税务机关（盖章）填票人（章）	上列款项已收妥并划转收款单位账户。国库（银行）盖章	备注		

第一联（收据）国库收款盖章后退缴款单位作完税

附件 1.9.2

税收通用缴款书

隶属关系： №　0352866

注册类型：　　填发日期：　2015 年12月10日　　征收机关：南岗税务局

缴款单位（人）	代　码	230103-789102603	预算科目	编码	101090300
	全　称	哈尔滨翌翔有限公司		名称	股份制企业城市维护建设税
	开户银行	工行先锋办事处		级次	市级100%
	账　号	035-1010-8212008	收款国库		工行先锋支行

税款所属时期　2015年11月 1-30日			税款限缴时期　2015年12月15日		
品目名称	课税数量	计税金额或销售收入	税率或单位税额	已缴或扣除额	实缴金额
市区[illegible]		100 000.00	7%		7 000.00
金额合计	（大写）[illegible]仟元整				
缴款单位（人）（盖章） 经办人（章）	税务机关（盖章） 填票人（章）	上列款项已收妥并划转收款单位账户。 国库（银行）盖章	备注		

第一联（收据）国库收款盖章后退缴款单位作完税

附件 1.10.1

借　款　单

哈财会账证49号

2015 年 12 月 10 日　　第3号

借款部门	销售部	姓名	王丽	级别	部长	出差地点	广州
						预计天数	15天
借款事由	借差旅费		借款金额			万千百十元角分	记　账
						¥ 1 6 0 0 0 0	
			大写金额			人民币壹仟陆佰元整	
收款部门 公　章						报销金额	
						结余金额	
会计主管　钱庄	审核　孙佳		经办人　张平			超支金额	

附件 1.11.1

贴现凭证（收账通知） 4

填写日期：贰零壹伍年壹拾贰月壹拾伍日　　　　第24578号

贴现汇票	种类	商业承兑汇票	号码	SC02587	申请人	名称	哈尔滨翌翔股份有限公司
	出票日	2015年 11 月15 日				账号	035-1010-8212008
	到期日	2016年2月15日				开户银行	工行先锋办事处
汇票承兑人（或银行）	名称	泰山工厂	账号	24031694122	开户银行	工行泰西营业部	
汇票金额（贴现金额）	人民币（大写）	叁拾万元整			千百十万千百十元角分	￥ 3 0 0 0 0 0 0 0	
贴现率每月	5‰	贴现利息	千百十万千百十元角分：￥ 3 0 0 0 0 0	实付贴现金额	千百十万千百十元角分	￥ 2 9 7 0 0 0 0 0	
上述款项已入你单位账户 此致 银行盖章 2015年12月15日				备注：			

中国工商银行股份有限公司哈尔滨先锋办事处 核算专用章 (03)

此联银行给贴现申请人的收款通知

附件 1.12.1

2015年11月工资发放表 1/2

部门		序号	姓名	应出勤天数	实际出勤天数	工资标准	应领工资	应扣个税	实领工资	签字
生产车间	生产工人	1	王刚	30	30	8 000.00	8 000.00	825.00	7 175.00	王刚
		2	刘强	30	30	8 000.00	8 000.00	825.00	7 175.00	刘强
		3	张勇	30	30	8 000.00	8 000.00	825.00	7 175.00	张勇
		4	李伟	30	30	8 000.00	8 000.00	825.00	7 175.00	李伟
		5	刘丽	30	30	8 000.00	8 000.00	825.00	7 175.00	刘丽
		6	张平	30	30	8 000.00	8 000.00	825.00	7 175.00	张平
		7	陈红	30	30	8 000.00	8 000.00	825.00	7 175.00	陈红
		8	赵盈	30	30	8 000.00	8 000.00	825.00	7 175.00	赵盈
		9	李晶	30	30	8 000.00	8 000.00	825.00	7 175.00	李晶
		10	钱庄	30	30	8 000.00	8 000.00	825.00	7 175.00	钱庄
		11	赵丽	30	30	8 000.00	8 000.00	825.00	7 175.00	赵丽
		12	孙佳	30	30	8 000.00	8 000.00	825.00	7 175.00	孙佳
小计						96 000.00	96 000.00	9 900.00	86 100.00	

附件 1.12.2

2015年11月工资发放表　　2/2

部门		序号	姓名	应出勤天数	实际出勤天数	工资标准	应领工资	应扣个税	实领工资	签字
生产车间	生产工人	1	王丽	30	30	8 000.00	8 000.00	825.00	7 175.00	王丽
		2	刘新	30	30	8 000.00	8 000.00	825.00	7 175.00	刘新
		3	张至	30	30	8 000.00	8 000.00	825.00	7 175.00	张至
		4	李刚	30	30	8 000.00	8 000.00	825.00	7 175.00	李刚
		5	刘园	30	30	8 000.00	8 000.00	825.00	7 175.00	刘园
		6	张星	30	30	8 000.00	8 000.00	825.00	7 175.00	张星
		7	陈涛	30	30	8 000.00	8 000.00	825.00	7 175.00	陈涛
		8	赵丹	30	30	8 000.00	8 000.00	825.00	7 175.00	赵丹
	管理人员	9	李想	30	30	9 000.00	9 000.00	1 025.00	7 975.00	李想
		10	钱航	30	30	9 000.00	9 000.00	1 025.00	7 975.00	钱航
管理部门		11	赵铭	30	30	9 000.00	9 000.00	1 025.00	7 975.00	赵铭
		12	孙强	30	30	9 000.00	9 000.00	1 025.00	7 975.00	孙强
小计						100 000.00	100 000.00	10 700.00	89 300.00	

附件 1.12.3

中国工商银行

现金支票存根

X Ⅵ 285632

科　　目________________

对方科目________________

出票日期 2015年12月15日

收款人：	翌翔股份公司
金　额：	175 400.00
用　途：	发工资

单位主管　　会计 张平

附件 1.13.1

委邮

委托收款（付款通知单）

1 委托号码： 2347

委托日期：贰零壹伍年壹拾贰月壹拾伍日

付款人	全称	哈尔滨翌翔股份有限公司	收款人	全称	哈尔滨自来水公司	
	账号地址	035-1010-8212008		账号	035-1211-6212009	
	开户银行	工行先锋办事处		开户银行	农行和兴路办	行号 2601
委收金额	人民币：（大写）	壹仟壹佰柒拾元伍角肆分		千百十万千百十元角分	¥ 1 1 7 0 5 4	
款项内容	12月份水费	委托收款凭据名称		附寄单证张数	4	
备注：特约		收款人盖章 2015年12月15日		收款人开户行盖章 2015年12月15日		

单位主管　　会计　　复核　　记账

此联是付款人开户行给付款人的通知

附件 1.13.2

287402571 **黑龙江省增值税专用发票** № 88465334

发票联

开票日期： 2015年12月15日

购货单位	名　　称：哈尔滨翌翔股份有限公司				密码区		
	纳税人识别号：230103789102603						
	地 址、电 话：哈尔滨市南岗区88号0451-88617788						
	开户行及账号：工行先锋办事处035-1010-8212008						
货物或应税劳务名称	规格型号	单位	数量	单价	金额	税率	税额
水		m^3	207.176	5.00	1 035.88	13%	134.66
合　计					1 035.88		134.66
价税合计(大写)	※壹仟壹佰柒拾元伍角肆分				小写 ¥1 170.54		
销货单位	名　　称：哈尔滨自来水公司				备注	哈尔滨自来水有限公司 220103659102714 发票专用章	
	纳税人识别号：220103659102714						
	地 址、电 话：哈尔滨市道里区56号0451-54613598						
	开户行及账号：农行和兴路办035-1211-6212009						

收款人：张越　　复核：王平　　开票人：李立　　销货单位：（章）

第二联 发票联

附件 1.14.1

托收承付凭证（收款通知）1

托收号码1562

委托日期：贰零壹伍年壹拾贰月壹拾肆日

付款人	全称	海滨工厂	收款人	全称	哈尔滨翌翔股份有限公司
	账号	2860834727		账号	035-1010-8212008
	开户银行	工行河阳营业部		开户银行	工行先锋办事处

金额	人民币（大写）	壹拾贰万玖仟零玖拾元整	千	百	十	万	千	百	十	元	角	分
				¥	1	2	9	0	9	0	0	0

附件		商品发运情况	合同名称号码
附寄单证张数或册数	3	铁路	2012-6782

备注	款项收妥日期	收款人开户银行盖章
电　划	2015年12月18日	中国工商银行股份有限公司哈尔滨先锋办事处 核算专用章 (03)

单位主管　　　会计　张丹　　　复核　王林　　　记账

此联是收款人开户银行给收款人的收款通知

附件 1.15.1

黑龙江省饮食业定额发票

HEILONGJIANG CATERING INDUS GENERAL INVOICE

发票联

INVOICE

哈尔滨市市区专用

发票代码：2230[illegible]116

INVOICE CODE

发票号码：84818344

INVOICE NUMBER

密　码　区 D　　S

PASSWORD AREA F　　F

贰　佰　元

TWO HUNDRED YUAN

¥200.00

收款单位（盖章有效）　　开票日期　年　月　日

PAYEE(SEAL)　　DATE ISSUED　Y　M　D

哈尔滨天天美食城 2015.12.20 发票专用章

附件 1.15.2

黑龙江省饮食业 定额发票

HEILONGJIANG CATERING INDUS GENERAL INVOICE

发票联

INVOICE

哈尔滨市市区专用

发票代码：2230110971116

INVOICE CODE

发票号码：84818345

INVOICE NUMBER

密　码　区 D　　　S

PASSWORD ARE/ F　　　P

贰 佰 元

TWO HUNDRED YUAN

￥200.00

哈尔滨天天美食城
2015.12.20
发票专用章

收款单位（盖章有效）　　开票日期　　年　月　日

PAYEEISEALI　　DATE ISSUED　　Y　M　D

附件 1.15.3

黑龙江省饮食业 定额发票

HEILONGJIANG CATERING INDUS GENERAL INVOICE

发票联

INVOICE

哈尔滨市市区专用

发票代码：2230110971116

INVOICE CODE

发票号码：84818346

INVOICE NUMBER

密　码　区 D　　　S

PASSWORD ARE/ F　　　P

贰 佰 元

TWO HUNDRED YUAN

￥200.00

哈尔滨天天美食城
2015.12.20
发票专用章

收款单位（盖章有效）　　开票日期　　年　月　日

PAYEEISEALI　　DATE ISSUED　　Y　M　D

附件 1.16.1

中 国 人 民 银 行 支付系统专用凭证 No HG 000526000020

交易机构：0068　　交易日期：2015-12-21　　流水号：002650

交易名称：小额支付来账登记　　业务种类：汇兑　　支付交易序号：72211

发起行行号：0002347643　　发起行名称：工行新阳办事处

汇款人名称：北秀股份有限公司

汇款人账号：6425453567

收款人名称：哈尔滨翌翔股份有限公司

收款人账号：035-1010-8212008

接受行行号：000231167537648　　接受行名称：中国工商银行先锋办事处

金额：　CNY 117 000.00

附言：银行承兑汇票到期

委托收款日期：2015-12-21　　凭证号码：00235684　　单证类型：02

分录

财务主管：　　会计：王明　　复核：刘弈　　记账：王辉

附件 1.17.1

287502921　## 黑龙江省增值税专用发票　**№ 35645692**

发票联

开票日期：　2015年12月26日

购货单位	名　称：哈尔滨翌翔股份有限公司 纳税人识别号：230103789102603 地 址、电 话：哈尔滨市南岗区88号0451-88617788 开户行及账号：工行先锋办事处035-1010-8212008	密码区					
货物或应税劳务名称	规格型号	单位	数量	单价	金额	税率	税额
办公用品					593.16	17%	100.84
合　计					593.16		100.84
价税合计(大写)	※陆佰玖拾肆元整				小写	¥694.00	
销货单位	名　称：哈尔滨文教用品商店 纳税人识别号：230103968102306 地 址、电 话：哈尔滨市香坊区33号0451-76135182 开户行及账号：工行和兴路办035-1211-62132045	备注					

第二联 发票联

收款人：张苗　　复核：王乐　　开票人：李开　　销货单位：（章）

附件 1.18.1

差旅费报销单

预领款	1 600 .00
补领或缴还	

2015年 12月 27日

部门	销售部	姓名	王丽	出差事由	参加商品博览会				
出差起止日期	自2015年12月10日至2015年12月24日止共计15天						附单据 10 张		
起讫时间	起讫地点	飞机、车、船费		住宿费	出差补贴	市内交通费	其他费用		附注
		名称	金额				名称	金额	
11.3	哈尔滨至大连		400	400.00	200.00	40.00		200.00	
12.18	大连至哈尔滨		400						
至									
至									
至									
合计			800	400.00	200.00	40.00		200.00	
合计金额（大写）壹仟陆佰肆拾元整								￥1 640.00	

已核销

单位主管 钱庄 复核 孙佳 出差人 王丽

附件 1.18.2

借 款 单

哈财会账证49号

2015年12月10日 第3号

借款部门	销售部	姓名	王丽	级别	部长	出差地点	广州
						预计天数	15天
借款事由	借差旅费			借款金额		万 千 百 十 元 角 分	记账
						￥ 1 6 0 0 0 0	
				大写金额		人民币壹仟陆佰元整	
收款部门	（原借款已报销结算完了并已收账）					报销金额	￥1 640.00
公章						结余金额	
会计主管 钱庄	审核 孙佳			经办人 张平		超支金额	￥40.00

已核销

附件 1.19.1

中国工商银行

业务收费凭证

币别：人民币　　　　2015年12月31日　　　　流水号2308667461980000015

付款人：哈尔滨翌翔股份有限公司			账号：035-1010-8212008		
项目名称	工本费	手续费	电子汇划费		金　额
转账		702.60			702.60
合计人民币（大写）柒佰零贰元陆角整				RMB702.60	
付款方式	转账				

第二联　客户回单

会计主管　　　　授权　　　　复核 李宁　　　　录入 王红

附件 1.20.1

2300111540　**黑龙江省增值税专用发票**　№ 23465312

发票联

开票日期：2015年12月31日

购货单位	名　　称：哈尔滨翌翔股份有限公司 纳税人识别号：230103789102603 地 址、电 话：哈尔滨市南岗区88号0451-88617788 开户行及账号：工行先锋办事处035-1010-8212008			密码区			
货物或应税劳务名称	规格型号	单位	数量	单价	金额	税率	税额
甲材料		千克	750	200.00	150 000.00	17%	25 500.00
合　计					150 000.00		25 500.00
价税合计(大写)	※壹拾柒万伍仟伍佰元整				（小写）		175 500.00
销货单位	名　　称：黑龙江省新金有限公司 纳税人识别号：230106584102845 地 址、电 话：哈尔滨市南岗区学府路1号88025678 开户行及账号：工行学府办事处015-1015-75283256			备注			

第二联　发票联

收款人：　　　　复核：李莎　开票人：张红　　　　销货单位：（章）

附件 1.20.2

中国工商银行

转账支票存根

X Ⅵ 164707

科　　目＿＿＿＿＿＿＿＿

对方科目＿＿＿＿＿＿＿＿

出票日期 2015年12月31日

收款人：新金有限公司	
金　额：175 500.00	
用　途：购货款	

单位主管　　　　会计

附件 1.21.1

库存现金盘点表

盘点日期：2015 年 12 月 31 日

清 点 现 金			核 对 账 目	
货币面值	张数	金　额	项　　目	金　额
壹佰元	8	800.00	截止盘点日现金账面余额	
壹拾元	9	90.00	其中：	
壹元	4	4.00		
			加：收入凭证未入账	
			欠人现金	
			职工未领取的工资	
			减：付出凭证未入账	
			白条充抵现金（　张）	
存折				
现金等价物				
			调整后现金余额	
现金合计		894.00	长款（+）或短款（-）	
说明：				

负责人：　　　会计主管：　　　出纳：　　　盘点：

附件 1.22.1

银 行 对 账 单

工行先锋办事处

交易日期	交易流水号	凭证种类	凭证号码	摘要	借方	贷方	余额
2015-12-1	7795043	1001			2 000.00		653 000.00
2015-12-4	7795055	1002				351 000.00	1 004 000.00
2015-12-6	7795066	0012			116 766.00		887 234.00
2015-12-6	7795123	1002			10 000.00		877 234.00
2015-12-7	7795147	1002			223 000.00		654 234.00
2015-12-8	7795158	1002			280 000.00		374 234.00
2015-12-8	7795175	1002				700.00	374 934.00
2015-12-9	7795186	1002				80 000.00	454 934.00
2015-12-9	7795201	0038			100 000.00		354 934.00
2015-12-9	7795202	0038			7 000.00		347 934.00
2015-12-9	7795222	1002			280 000.00		67 934.00
2015-12-15	7795235	1004				297 000.00	364 934.00
2015-12-15	7795243	1001			175 400.00		189 534.00
2015-12-15	7795268	1006			1 170.54		188 363.46
2015-12-18	7795290	1003				129 090.00	317 453.46
2015-12-21	7795302	1005			117 000.00		200 453.46
2015-12-31	7795332	1006			702.60		199 750.86
2015-12-31	7795345	1018			3 276.00		196 474.86
2015-12-31	7795356	1017				234 000.00	430 474.86

附件 1.22.2

银行存款余额调节表

开户行及账号 ：　　　　　　　　　　　　　　　　　　　　　　金额单位：元

项　目	金 额	项　目	金 额
企业银行存款日记账余额		银行对账单余额	
加：银行已收企业未收		加：企业已收银行未收	
1.		1.	
2.		2.	
3.		3.	
减：银行已付企业未付		减：企业已付银行未付	
1.		1.	
2.		2.	
3.		3.	
调节后的存款余额		调节后的存款余额	

主管：　　　　　　　　　会计：　　　　　　　　　出纳：

第二章　材料会计岗位实训

2.1 材料会计岗位职责

（1）会同有关部门拟定材料的收发、领退和保管等管理与核算的实施办法，审查汇编材料采购用款计划，控制材料采购成本。

（2）认真审核各类材料的收发凭证，负责材料的明细核算，每月要分别与仓库保管员和采购员对账。对购入的材料，要认真审查发票、账单等结算凭证，及时办理结算手续，核算采购成本。对在途材料要督促清理催收，对已验收入库尚未付款的材料，月终要估价入账。

（3）配合有关部门制定材料消耗定额，采用计划成本进行材料日常核算的单位，要编制材料计划成本目录。

（4）参与库存材料的清查盘点，对盘盈盘亏和报废的材料要查明原因。按不同情况经批准后分别进行处理。

（5）分析材料库存的储备情况，对于超过正常储备和呆滞积压的材料，要分析原因，提出处理意见和建议，督促有关部门处理。对于材料保管不善和挪用库存材料造成损失浪费的，要向领导报告，追查责任。

2.2 材料会计岗位业务流程

材料会计岗位业务流程如图 2.1、图 2.2 所示。

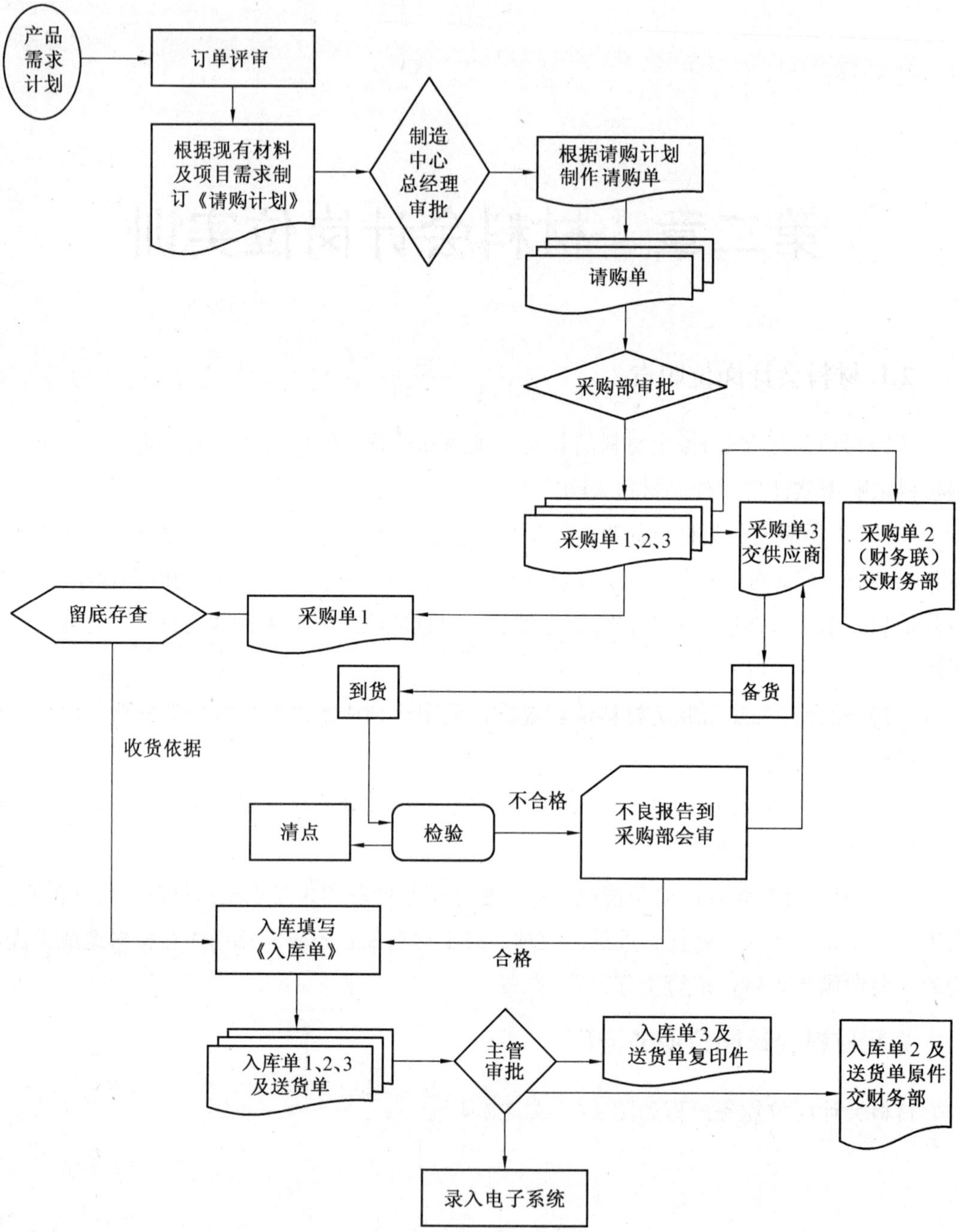
产品需求计划
订单评审
根据现有材料及项目需求制订《请购计划》
制造中心总经理审批
根据请购计划制作请购单
请购单
采购部审批
采购单1、2、3
采购单3交供应商
采购单2（财务联）交财务部
留底存查
采购单1
到货
备货
收货依据
不合格
清点
检验
不良报告到采购部会审
入库填写《入库单》
合格
入库单1、2、3及送货单
主管审批
入库单3及送货单复印件
入库单2及送货单原件交财务部
录入电子系统

图2.1 收料业务流程图

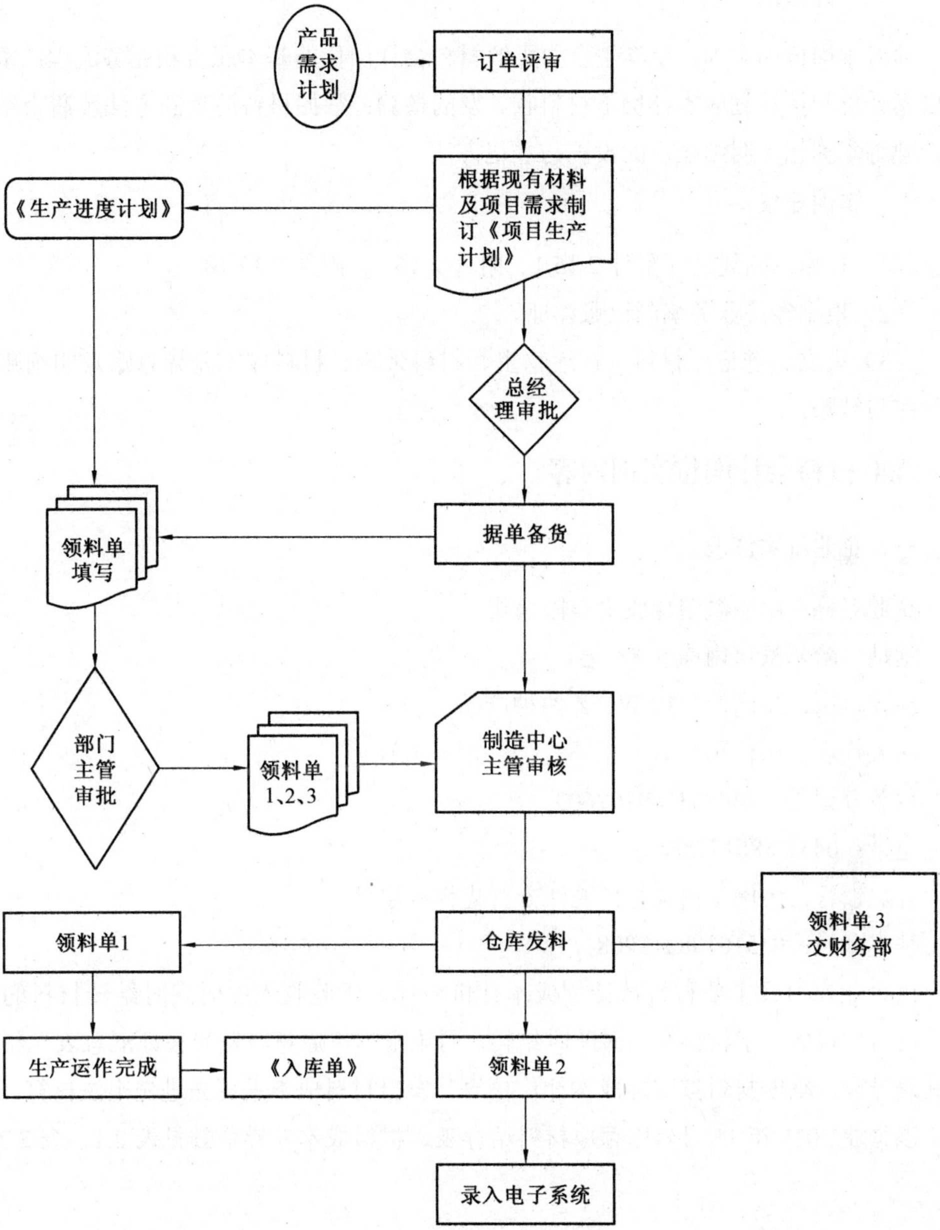
产品
需求
计划
订单评审
《生产进度计划》
根据现有材料
及项目需求制
订《项目生产
计划》
总经
理审批
据单备货
领料单
填写
部门
主管
审批
领料单
1、2、3
制造中心
主管审核
领料单1
仓库发料
领料单3
交财务部
生产运作完成
《入库单》
领料单2
录入电子系统

图 2.2 发料业务流程图

2.3 材料会计岗位实训目的与要求

一、实训目的

通过本岗位的实训，使学生全面了解材料会计岗位的基本职责和业务流程；掌握按实际成本计价和按计划成本计价下材料收、发的核算；掌握材料清查的方法及清查结果的处理；熟练掌握相关明细账户的设置与登记方法。

二、实训要求

（1）补填原始凭证（附件 2.15.1、附件 2.16.1、附件 2.17.1）。

（2）根据经济业务编制记账凭证。

（3）设立、登记原材料、在途物资、材料采购、材料成本差异总账及明细账，并进行对账与结账。

2.4 材料会计岗位实训内容

一、企业基本情况

企业名称：哈尔滨翌翔股份有限公司

地址：哈尔滨市南岗区 88 号

经营范围：生产及销售 W、Z 两种产品

法人代表：张仁军

税务登记号：230103789102603

电话：0451-88617788

开户银行：中国工商银行黑龙江分行先锋办事处

基本账号：03510108212008

该企业原料及主要材料按计划成本计价核算，于验收入库时随时结转材料的成本差异；发出材料成本于材料发出时随时结转，月末根据“原材料发料凭证汇总表”结转并分摊其差异额。辅助材料按实际成本计价核算，发出材料成本采用先进先出法核算。

该企业 2015 年 11 月末库存原材料结存表、材料成本差异余额见表 2.1、表 2.2。

表 2.1　11 月份库存原材料结存表

2015 年 11 月 30 日

材料类别、品种		计量单位	数量	计划单价	金额
原料主要材料	甲材料	千克	8 000	100.00	800 000.00
	乙材料	千克	300	180.00	54 000.00
	丙材料	千克	3 000	15.00	45 000.00
辅助材料	A 材料	千克	20	20.00	400.00
	B 材料	千克	12	15.00	180.00

表 2.2　11 月末材料成本差异余额

2015 年 11 月 30 日

材料名称	金额
甲材料	6 425.36
乙材料	324.64
丙材料	0
合计	6 750.00

二、实训资料

附件 2.1.1

材料入库验收单

验收日期：2015 年 12 月 1 日　　　　编号：1201

品名	规格	单位	数量		实际价格				计划价	
			订单数	实际数	单价	总价	运杂费	合计	单价	合计
甲材料										
乙材料										
合计										
备注										

第三联　会计记账联

供销主管：王宁　　验收主管：张一　　采购：刘贵

附件 2.1.2

121040215　**广东省增值税专用发票**　№ 23465312

发票联

开票日期：2015年12月1日

购货单位	名　　称：哈尔滨翌翔股份有限公司 纳税人识别号：230103789102603 地 址、电 话：哈尔滨市南岗区88号0451-88617788 开户行及账号：工行先锋办事处035-1010-8212008			密码区			
货物或应税劳务名称	规格型号	单位	数量	单价	金额	税率	税额
甲材料		千克	1 000	100.00	100 000.00	17%	17 000.00
乙材料		千克	2 000	200.00	400 000.00	17%	68 000.00
合　计					500 000.00		85 000.00
价税合计(大写)	※伍拾捌万伍仟元整				（小写）¥585 000.00		
销货单位	名　　称：顺德有限公司 纳税人识别号：440103789108988 地 址、电 话：广东顺德东路1号015-12345678 开户行及账号：工行华东办事处015-1015-75283256			备注			

第二联　发票联

收款人：　　　复核：李莎　　开票人：张红　　　　销货单位：（章）

附件 2.1.3

2230007110　**货物运输业增值税专用发票**　№ 00017021

发票联

开票日期：2015年12月1日

承运人及纳税人识别号	广东农垦大件运输有限公司 330140375868619			密码区			
实际受票方及纳税人识别号	哈尔滨翌翔股份有限公司 230103789102603						
收货人及纳税人识别号	哈尔滨翌翔股份有限公司 230103789102603			发货人及纳税人识别号	顺德有限公司 440103789108988		
起运地、经由、到达地	顺德至哈尔滨						
费用项目及金额	费用项目　金额　费用项目　金额 运费　3000.00			运输货物信息			
合计金额	¥3000.00	税率	11%	税额	¥330.00	机器编号	499106142124
价税合计(大写)	※叁仟叁佰元整				（小写）¥3300.00		
车种车号	粤000123	车船吨位	8	备注			
主管税务机关及代码	广东顺德东路国家税务局 223010300						

第二联　发票联　受票方记账凭证

收款人：张红　　　复核人：王丽　　　开票人：沈丹　　　承运人：（章）

附件 2.1.4

121002621　　广东省增值税专用发票　　№ 34653122

发票联

开票日期：　2015年12月1日

购货单位	名　　称：哈尔滨翌翔股份有限公司 纳税人识别号：230103789102603 地 址、电 话：哈尔滨市南岗区88号0451-88617788 开户行及账号：工行先锋办事处035-1010-8212008			密码区			
货物或应税劳务名称	规格型号	单位	数量	单价	金额	税率	税额
装卸费					390.00	6%	23.40
合　计					390.00		23.40
价税合计(大写)	※肆佰壹拾叁元肆角整				小写　¥413.40		
销货单位	名　　称：广东农垦大件运输有限公司 纳税人识别号：330140375868619 地 址、电 话：广东黄河南路5号015-59821473 开户行及账号：农行华东办018-1211-19209562			备注	广东农垦大件运输有限公司 330140375868619 发票专用章		

收款人：吴立　　复核：孟红　　开票人：周广　　销货单位：（章）

第二联　发票联

附件 2.1.5

银 行 承 兑 汇 票　　2　　AB/01　1560241

出票日期（大写）　贰零壹伍年壹拾贰月零壹日

付款人	全称	哈尔滨翌翔股份有限公司	收款人	全称	顺德有限公司
	账号	035-1010-8212008		账号	015-1015-75283256
	开户银行	工行先锋办事处		开户银行	工行华东办事处

出票金额	人民币（大写）伍拾捌万捌仟柒佰肆拾叁元肆角整	亿	千	百	十	万	千	百	十	元	角	分
			.	¥	5	8	8	7	4	3	4	0

汇票到期日（大写）	贰零壹陆年叁月零壹日	付款人开户行	行号	035
交易合同号码	18676		地址	哈尔滨市先锋路12号
本汇票已经承兑，到期无条件支付票款。 承兑人签章 承兑日期：　年　月　日		本汇票请予以承兑于到期日付款。 哈尔滨翌翔股份有限公司财务专用章　刘雨之印 出票人签章		

此联持票人开户行随托收凭证寄付款人开户行作借方凭证附件

注：此件为银行承兑汇票复印件

附件 2.2.1

材料入库验收单

验收日期：2015 年 12 月 2 日　　　　编号：1202

品名	规格	单位	数量		实际价格				计划价格	
			订单数	实际数	单价	总价	运杂费	合计	单价	合计
A材料		千克		200	20.00	4 000.00		4 000.00	20.00	4 000.00
合计						4 000.00		4 000.00		4 000.00
备注										

第三联 会计记账联

供销主管：王宁　　验收主管：张一　　采购：刘贵

附件 2.2.2

101040209　**黑龙江省增值税专用发票**　№ 4005010

发票联

开票日期：2015年12月2日

购货单位	名　　称：哈尔滨翌翔股份有限公司 纳税人识别号：230103789102603 地 址、电 话：哈尔滨市南岗区88号0451-88617788 开户行及账号：工行先锋办事处035-1010-8212008			密码区			
货物或应税劳务名称	规格型号	单位	数量	单价	金额	税率	税额
A材料		千克	200	20.00	4 000.00	17%	680.00
合　计					4 000.00		680.00
价税合计(大写)	※肆仟陆佰捌拾元整				小写	¥4 680.00	
销货单位	名　　称：哈尔滨盛大股份有限公司 纳税人识别号：230107546128513 地 址、电 话：哈尔滨市道外区24号0451-55723888 开户行及账号：工行太平办事处035-2010-2002012			备注			

第二联 发票联

收款人：　　复核：　　开票人：　　销货单位：（章）

哈尔滨盛大股份有限公司 230107546128513 发票专用章

附件 2.2.3

中国工商银行

转账支票存根

X Ⅵ 164701

科　　目________________

对方科目________________

出票日期 2015年12月2日

收款人：
金　额：4 680.00
用　途：货款

单位主管　　　　　会计

附件 2.3.1

121040215　　黑龙江增值税专用发票　　№ 23465312

发票联

开票日期：　2015年12月3日

购货单位	名　称：哈尔滨翌翔股份有限公司 纳税人识别号：230103789102603 地址、电话：哈尔滨市南岗区88号0451-88617788 开户行及账号：工行先锋办事处035-1010-8212008				密码区			
货物或应税劳务名称	规格型号	单位	数量	单价	金额	税率	税额	
乙材料		千克	300	190.00	57 000.00	17%	9 690.00	
合　计					57 000.00		9 690.00	
价税合计(大写)	※陆万陆仟陆佰玖拾元整				小写	¥66 690.00		
销货单位	名　称：哈尔滨光明股份有限公司 纳税人识别号：230106987568906 地址、电话：哈尔滨市香坊区123号0451-55689416 开户行及账号：工行红旗办事处035-1015-1001222				备注			

第二联　发票联

收款人：　　　　复核：　　　开票人：　　　　　　　销货单位：（章）

附件 2.3.2

中国工商银行

转账支票存根

X Ⅵ 164702

科　　目________________

对方科目________________

出票日期 2015年12月3日

收款人：	
金　额：66 690.00	
用　途：货款	

单位主管　　　　　会计

附件 2.3.3

材料入库验收单

验收日期：2015 年 12 月3 日　　　　　　　　编号：1203

品名	规格	单位	数量		实际价格				计划价格	
			订单数	实际数	单价	总价	运杂费	合计	单价	合计
乙材料		千克		300	190.00	57 000.00		57 000.00	180.00	54 000.00
合计						57 000.00		57 000.00		54 000.00
备注										

供销主管：王宁　　　验收主管：张一　　　采购：刘贵

附件 2.4.1

领　料　单

领料部门：加工车间　　　　开票日期　2015 年 12 月 4 日　　　　字第 110001 号

<table>
<tr><td rowspan="2">材料编号</td><td rowspan="2">材料名称</td><td rowspan="2">规格</td><td rowspan="2">单位</td><td rowspan="2">请领数量</td><td rowspan="2">实发数量</td><td colspan="2">计划价格</td></tr>
<tr><td>单价</td><td>金额</td></tr>
<tr><td>11002</td><td>乙材料</td><td></td><td>千克</td><td></td><td>500</td><td>180.00</td><td>90 000.00</td></tr>
<tr><td></td><td></td><td></td><td></td><td></td><td></td><td></td><td></td></tr>
<tr><td>合计</td><td colspan="7">(大写) 玖万元整　　　　(小写) ￥90 000.00</td></tr>
</table>

<table>
<tr><td rowspan="3">用途</td><td rowspan="3">生产 W 产品</td><td colspan="2">领料部门</td><td colspan="2">发料部门</td></tr>
<tr><td>负责人</td><td>领料人</td><td>核准人</td><td>发料人</td></tr>
<tr><td></td><td>徐洪</td><td></td><td>张星</td></tr>
</table>

附件 2.5.1

领　料　单

领料部门：加工车间　　　　开票日期　2015 年 12 月 5 日　　　　字第 110002 号

<table>
<tr><td rowspan="2">材料编号</td><td rowspan="2">材料名称</td><td rowspan="2">规格</td><td rowspan="2">单位</td><td rowspan="2">请领数量</td><td rowspan="2">实发数量</td><td colspan="2">计划价格</td></tr>
<tr><td>单价</td><td>金额</td></tr>
<tr><td>11001</td><td>甲材料</td><td></td><td>千克</td><td></td><td>7 000</td><td>100.00</td><td>700 000.00</td></tr>
<tr><td></td><td></td><td></td><td></td><td></td><td></td><td></td><td></td></tr>
<tr><td>合计</td><td colspan="7">(大写) 柒拾万元整　　　　(小写) ￥700 000.00</td></tr>
</table>

<table>
<tr><td rowspan="3">用途</td><td rowspan="3">生产 Z 产品</td><td colspan="2">领料部门</td><td colspan="2">发料部门</td></tr>
<tr><td>负责人</td><td>领料人</td><td>核准人</td><td>发料人</td></tr>
<tr><td></td><td>徐洪</td><td></td><td>张星</td></tr>
</table>

附件 2.6.1

领　料　单

领料部门：装配车间　　　　　开票日期　2015 年 12 月 6 日　　　　　字第 110003 号

材料编号	材料名称	规格	单位	请领数量	实发数量	计划价格	
						单价	金额
12001	A 材料		千克		100	20.00	2 000.00
合计	（大写）　贰仟元整				（小写）　￥2 000.00		

用途	生产 W 产品	领料部门		发料部门	
		负责人	领料人	核准人	发料人
			孙明		张星

附件 2.7.1

121040215　　　　# 广东省增值税专用发票　　　　**№　23465312**

发票联

开票日期:　　2015年12月8日

购货单位	名　　称：哈尔滨翌翔股份有限公司 纳税人识别号：230103789102603 地 址、电 话：哈尔滨市南岗区88号0451-88617788 开户行及账号：工行先锋办事处035-1010-8212008	密码区					
货物或应税劳务名称	规格型号	单位	数量	单价	金额	税率	税额
甲材料		千克	2 000	95.00	190 000.00	17%	32 300.00
合　计					190 000.00		32 300.00
价税合计(大写)	※贰拾贰万贰仟叁佰元整				（小写）￥222 300.00		
销货单位	名　　称：顺德有限公司 纳税人识别号：440103789108988 地 址、电 话：广东顺德东路1号015-12345678 开户行及账号：工行华东办事处015-1015-75283256	备注					

第二联　发票联

收款人：　　　　　复核：李莎　　开票人：张红　　　　　销货单位：（章）

附件 2.7.2

材料入库验收单

验收日期：2015 年 12 月8 日　　　　编号：1204

品名	规格	单位	数量		实际价格				计划价格	
			订单数	实际数	单价	总价	运杂费	合计	单价	合计
甲材料		千克		2 000	95.00	190 000.00		190 000.00	100.00	200 000.00
合计						190 000.00		190 000.00		200 000.00
备注										

供销主管：王宁　　　验收主管：张一　　　采购：刘贵

附件 2.8.1

领　料　单

领料部门：加工车间　　　开票日期　2015 年 12 月 9 日　　　字第 110004 号

材料编号	材料名称	规格	单位	请领数量	实发数量	计划价格	
						单价	金额
11001	甲材料		千克		1 000	100.00	100 000.00
合计	（大写）壹拾万元整				（小写）￥100 000.00		

用途		领料部门		发料部门	
用途	生产 Z 产品	负责人	领料人	核准人	发料人
			徐洪		张星

附件 2.9.1

领　料　单

领料部门：厂办　　　　开票日期　2015 年 12 月 10 日　　　　字第 110005 号

材料编号	材料名称	规格	单位	请领数量	实发数量	计划价格	
						单价	金额
11001	甲材料		千克		50	100.00	5 000.00
合计	（大写）伍仟元整					（小写）￥5 000.00	
用途	维修用	领料部门		发料部门			
		负责人	领料人	核准人	发料人		
			张军		张星		

附件 2.10.1

领　料　单

领料部门：加工车间　　　　开票日期　2015 年 12 月 11 日　　　　字第 110006 号

材料编号	材料名称	规格	单位	请领数量	实发数量	计划价格	
						单价	金额
11002	乙材料		千克		2 000	180.00	360 000.00
合计	（大写）叁拾陆万元整					（小写）￥360 000.00	
用途	生产 W 产品	领料部门		发料部门			
		负责人	领料人	核准人	发料人		
			徐洪		张星		

附件 2.11.1

领　料　单

领料部门：加工车间　　　　开票日期　2015 年 12 月 12 日　　　　字第 110007 号

<table>
<tr><td rowspan="2">材料编号</td><td rowspan="2">材料名称</td><td rowspan="2">规格</td><td rowspan="2">单位</td><td rowspan="2">请领数量</td><td rowspan="2">实发数量</td><td colspan="2">计划价格</td></tr>
<tr><td>单价</td><td>金额</td></tr>
<tr><td>11003</td><td>丙材料</td><td></td><td>千克</td><td></td><td>3 000</td><td>15.00</td><td>45 000.00</td></tr>
<tr><td></td><td></td><td></td><td></td><td></td><td></td><td></td><td></td></tr>
<tr><td>合计</td><td colspan="7">（大写）肆万伍仟元整　　　　（小写）￥45 000.00</td></tr>
</table>

<table>
<tr><td rowspan="3">用途</td><td rowspan="3">生产 Z 产品</td><td colspan="2">领料部门</td><td colspan="2">发料部门</td></tr>
<tr><td>负责人</td><td>领料人</td><td>核准人</td><td>发料人</td></tr>
<tr><td></td><td>徐洪</td><td></td><td>张星</td></tr>
</table>

附件 2.12.1

领　料　单

领料部门：装配车间　　　　开票日期　2015 年 12 月 12 日　　　　字第 110008 号

<table>
<tr><td rowspan="2">材料编号</td><td rowspan="2">材料名称</td><td rowspan="2">规格</td><td rowspan="2">单位</td><td rowspan="2">请领数量</td><td rowspan="2">实发数量</td><td colspan="2">计划价格</td></tr>
<tr><td>单价</td><td>金额</td></tr>
<tr><td>11002</td><td>乙材料</td><td></td><td>千克</td><td></td><td>50</td><td>180.00</td><td>9 000.00</td></tr>
<tr><td></td><td></td><td></td><td></td><td></td><td></td><td></td><td></td></tr>
<tr><td>合计</td><td colspan="7">（大写）玖仟元整　　　　（小写）￥9 000.00</td></tr>
</table>

<table>
<tr><td rowspan="3">用途</td><td rowspan="3">车间一般耗用</td><td colspan="2">领料部门</td><td colspan="2">发料部门</td></tr>
<tr><td>负责人</td><td>领料人</td><td>核准人</td><td>发料人</td></tr>
<tr><td></td><td>孙明</td><td></td><td>张星</td></tr>
</table>

附件 2.13.1

销售材料出库单

购货单位：兴旺工厂　　　　2015年12月31日　　　　编　号：CK1201

产品编号	产品名称	型号规格	单位	数量	单位成本	金额	备注
	B材料		千克	10	15.00	150.00	
备　注			结算方式		运输方式		自提

第三联 财务记录

部长：王丽　　　　发货：田杨　　　　制单：马成

附件 2.13.2

101040209　黑龙江省增值税专用发票　**№ 4005010**

开票日期：　2015年12月31日

购货单位	
名　　称：	兴旺工厂
纳税人识别号：	370982310042173
地 址、电 话：	泰山市解放路12号 226214
开户行及账号：	工行泰西营业部 2403115432
密码区	

货物或应税劳务名称	规格型号	单位	数量	单价	金额	税率	税额
B材料		千克	10	18.00	180.00	17%	30.60
合　计					180.00		30.60
价税合计(大写)	※贰佰壹拾元陆角整				¥210.60		

销货单位	
名　　称：	哈尔滨翌翔股份有限公司
纳税人识别号：	230103789102603
地 址、电 话：	哈尔滨市南岗区88号0451-88617788
开户行及账号：	工行先锋办事处035-1010-8212008
备注	

第四联 记账联

附件 2.13.3

中国工商银行 进账单（收账通知）

2015年12月31日

出票人	全称	兴旺工厂	收款人	全称	哈尔滨翌翔股份有限公司
	账号	23076853786		账号	035-1010-8212008
	开户银行	工商银行花园支行		开户银行	工行先锋办事处
金额	人民币（大写）	贰佰壹拾元陆角整			¥210.60
票据种类		票据张数			
票据号码					
复核		记账	收款人开户银行签章 [中国工商银行股份有限公司哈尔滨 先锋办事处 核算专用章 (03)]		

亿	千	百	十	万	千	百	十	元	角	分
					¥	2	1	0	6	0

此联是收款人的收账通知

附件 2.14.1

盘　点　表

种类　　　　2015 年 12 月 31 日

品名	单位	单价	实存		账存		盘盈		盘亏		备注
			数量	金额	数量	金额	数量	金额	数量	金额	
乙材料	千克	180.00	54	9 720.00	50	9 000.00	4	720.00			平时发料计量误差
B 材料	千克	15.00	0		2	30.00			2	30.00	保管员私自送人

附件 2.15.1

材料成本差异计算表

2015 年 12 月

品名	月初结存		本月收入		合计		成本差异率
	计划成本	成本差异	计划成本	成本差异	计划成本	成本差异	
甲材料							
乙材料							
丙材料							
合计							

会计主管：　　　　复核：　　　　制表：

附件 2.16.1

原材料耗用汇总表

企业名称：　　　　2015 年 12 月

部门（产品）	计划成本				差异额（差异率）	实际成本
	甲材料	乙材料	丙材料	合计		
合计						

2.17.1

主要原材料、辅助材料收、发、存汇总月报表

2015年 12 月

材料名称	计量单位	计划单价	期初结存		本期收入		本期发出		期末结存	
			数量	金额	数量	金额	数量	金额	数量	金额

第三章　固定资产会计岗位实训

3.1 固定资产会计岗位职责

（1）会同有关部门拟定固定资产管理与核算的实施办法。正确划分固定资产与低值易耗品的界限，编制固定资产目录，对固定资产进行分类管理。

（2）参与核定固定资产需用量，参与编制固定资产改造和大修理计划。会同有关部门根据本单位生产经营的需要，认真核定固定资产需用量，并随着生产情况的变化进行调整。要经常深入实际，了解固定资产的新旧程度和完好状况，为编制固定资产改造和大修理计划提供资料。

（3）负责固定资产的明细核算，编制固定资产报表。对购置、调入、内部转移、租赁、封存、调出的固定资产，要监督有关部门或人员办理会计手续。要根据会计凭证登记固定资产账卡，定期进行核对，做到账、卡、物相符，并按期编报反映固定资产增减变动情况的会计报表。

（4）计算提取固定资产累计折旧和修理费用。根据计提折旧的有关规定，编制折旧计划，按月提取折旧和修理费用，不得多提、少提、漏提或重提；同时做好固定资产折旧和大修理费用的分配。

（5）参与固定资产的清查盘点。会同有关部门定期对固定资产进行盘点，年终进行全面清查。发现盘亏、盘盈和毁损等情况，要查明原因，弄清责任，按规定的审批权限办理报批手续；发现有多余、闲置以及保管、使用、维护不当的固定资产，要及时向领导报告，并提出改进意见。

（6）分析固定资产的使用效果。会同有关部门对固定资产的使用状况进行分析，促进固定资产的合理使用，加强维护保养，挖掘潜力，提高固定资产的利用率。

3.2 固定资产会计岗位业务流程

固定资产会计岗位业务流程如图 3.1 所示。

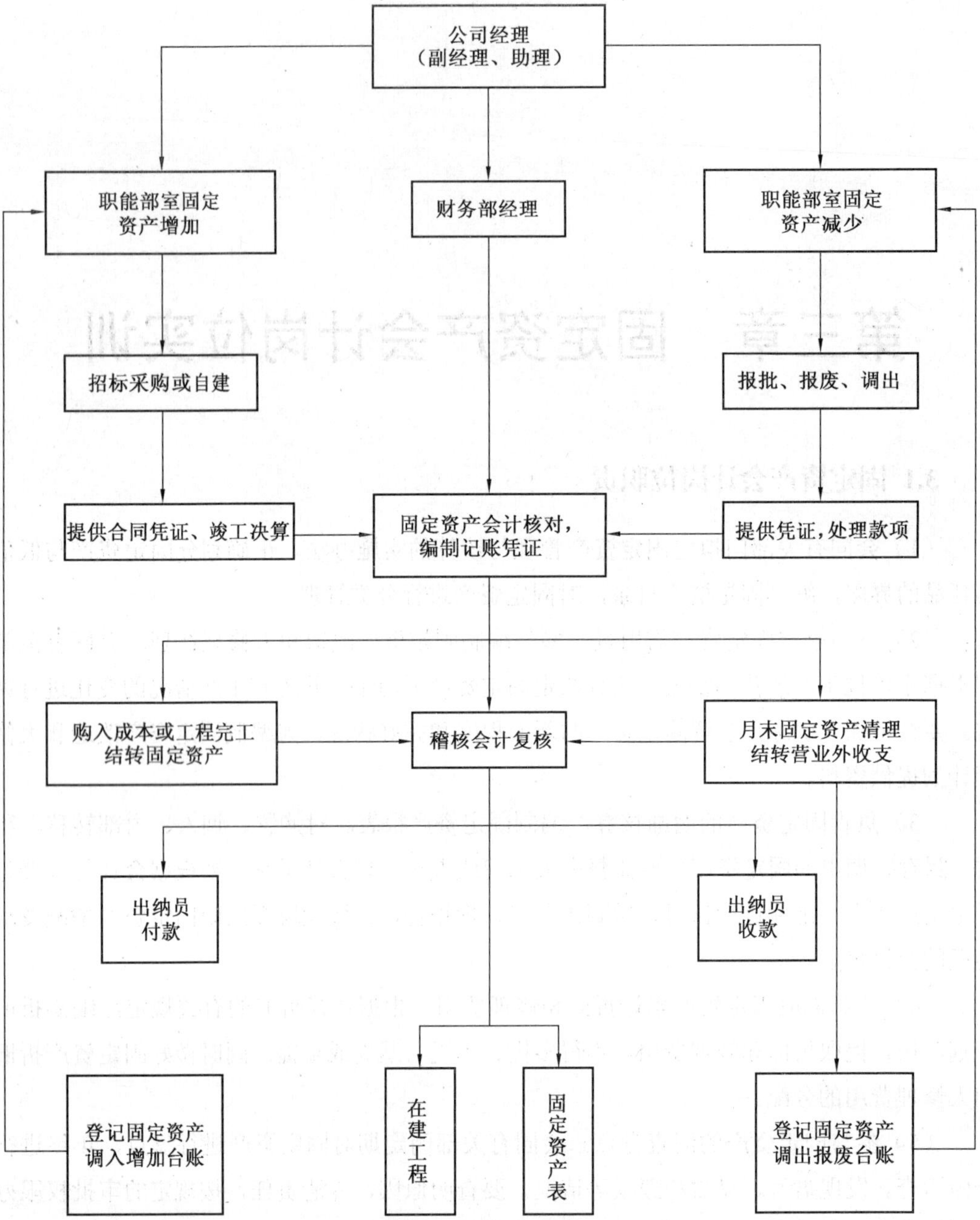

图 3.1 固定资产会计岗位业务流程图

3.3 固定资产会计岗位实训目的与要求

一、实训目的

通过本岗位的实训，使学生全面了解固定资产会计岗位的基本职责和业务流程；掌握固定资产增减的明细分类核算、在建工程成本的核算以及固定资产折旧额的核算；掌握固定资产清查的方法；掌握固定资产明细账的设置与登记方法。

二、实训要求

（1）补填原始凭证（附件 3.1.3、附件 3.9.3）。

（2）根据经济业务编制记账凭证。

（3）设立、登记固定资产、在建工程账户，并进行对账与结账。

3.4 固定资产会计岗位实训内容

一、企业基本情况

企业名称：哈尔滨翌翔有限责任公司

地址：哈尔滨市南岗区 88 号

电话：88617788

经营范围：生产销售甲、乙两种产品

注册资金：6 000 万元

纳税人登记号：230103789102603

开户银行及账号：工行先锋办事处 035-1010-8212008

二、实训资料

附件 3.1.1

101040209　　黑龙江省增值税专用发票　　№ 4005010

发票联

开票日期：　2015年12月1日

购货单位	名　　称：哈尔滨翌翔股份有限公司 纳税人识别号：230103789102603 地 址、电 话：哈尔滨市南岗区88号0451-88617788 开户行及账号：工行先锋办事处035-1010-8212008	密码区

货物或应税劳务名称	规格型号	单位	数量	单价	金额	税率	税额
车床		台	1	100 000	100 000.00	17%	17 000.00
合　计					100 000.00		17 000.00
价税合计(大写)	※壹拾壹万柒仟元整				小写 ¥117 000.00		

销货单位	名　　称：兴盛工厂 纳税人识别号：230106548721301 地 址、电 话：哈尔滨市香坊区18号0451-55717666 开户行及账号：工行香顺办事处035-1010-7748565	备注	230106548721301 发票专用章

第二联　发票联

附件 3.1.2

中国工商银行

转账支票存根

X Ⅵ 164701

科　　目________________

对方科目________________

出票日期 2015年12月1日

转账收讫

收款人：	
金　额：117 000.00	
用　途：购买固定资产	

单位主管　　　　　会计

附件 3.1.3

固定资产验收单

编号：201210

取得日期：2015年12月1日　　　　　　　　交付使用日期：2015年12月1日

固定资产名称	型号	来源	使用年月	原值				
				买价	运杂费	工程费	其他	合计
车床		外购	2015-12-1	100 000.00				100 000.00
预计残值	预计清理费用		预计使用年限	年折旧额	年折旧率	月折旧率	附属设备	
2 000.00	1 000.00		5年					
总经理	主管部门		使用部门		财会部门			
	经理	经办人	经理	使用人	经理		会计	
刘强	李晶		刘丽	刘丽	刘丽		赵丽	

附件 3.1.4

固定资产卡片

资产类别	生产设备	制造厂名		兴盛工厂	资金来源		自购
编号		出厂编号			购置日期		2015 年 12 月
名称	车床	出厂日期		2015 年 8 月	安装日期		
型号规格		使用部门		装配车间	开始使用日期		2015 年 12 月
技术特征		存放地点			建卡日期		2015 年 12 月 1 日
项目	金额	折旧			折旧		
		年份	摊提额	累计额	年份	摊提额	累计额
重置完全价值	100 000.00						
改装或添置价值							
清理残值							
清理费用							
使用年限							
已用年限							
		原价变动记录					
		日期	增加	减少	变动后金额	变动原因	
年：基本折旧率							
年：基本折旧额							
年：分类折旧率							
年：分类折旧额							

附件 3.2.1

竣工验收报告

使用部门：厂部期　　　　　　　　2015 年 12 月 2 日

名称	规格	建造单位	来源	使用年限
2 号办公楼		哈建一公司	自建	50
验收工程	总造价	使用年限	预计净残值率	
2 号办公楼建造	1 300 000.00	50	5%	
验收小组意见	工程质量：符合房屋建设的质量要求 使用情况：状况良好，可交付使用			
施工单位意见	同意验收结论	使用部门意见		同意交付使用

附件 3.3.1

374026219　　**黑龙江省增值税专用发票**　　**№ 05817035**

发票联

开票日期:　2015年12月5日

购货单位	名　　称：哈尔滨翌翔股份有限公司 纳税人识别号：230103789102603 地 址、电 话：哈尔滨市南岗区88号0451-88617788 开户行及账号：工行先锋办事处035-1010-8212008			密码区			
货物或应税劳务名称	规格型号	单位	数量	单价	金额	税率	税额
仓库工程					76,576.58	11%	8,423.42
合　计					76,576.58		8,423.42
价税合计(大写)	※捌万伍仟元整				小写	￥85,000.00	
销货单位	名　　称：哈尔滨腾飞股份有限公司 纳税人识别号：230104553102254 地 址、电 话：哈尔滨市道外区28号0451-56139842 开户行及账号：农行先锋办072-1261-62928095			备注	230104553102254 发票专用章		

第二联　发票联

收款人：杜军　　复核：刘正　　开票人：赵丹　　销货单位：（章）

附件 3.3.2

中国工商银行

转账支票存根

X Ⅵ 164702

科　　目____________

对方科目____________

出票日期 2015年12月5日

转账收讫

收款人：
金　额：85 000.00
用　途：支付工程款

单位主管　　　　会计

附件 3.4.1

编号　　201210

固定资产清理报废单

2015年12月8日

使用单位：生产车间

名称	编号	单位	数量	原始价值	已提折旧	净值	清理费	收回变价收入	预计使用年限	实际使用年限
车床	200815	台	1	200 000.00	180 000.00	20 000.00	500	8 000.00	10年	9年
申请报废原因	设备淘汰									
处理意见	使用部门		技术鉴定小组		固定资产管理部门			主管部门审批		
	钱庄		情况属实 刘丽		同意转入清理 田华			同意 刘强		

附件 3.5.1

中国工商银行

转账支票存根

X Ⅵ 164703

科　　目________________

对方科目________________

出票日期 2015年12月8日

黑龙江金鼎物资有限责任公司 转账收讫

收款人：
金　额：500.00
用　途：支付清理费

单位主管　　　　　会计

附件 3.5.2

收　　据

入账日期　2015年12月8日

今收到：哈尔滨翌翔股份有限公司

人民币：伍佰元整

系　付：清理费用

黑龙江金鼎物资有限责任公司
转账收讫

第二联　付款单位

附件 3.6.1

收　　据

入账日期　2015年12月9日

今收到：哈尔滨市物资回收公司废旧物资款

人民币：捌仟元整

系　付：残料收入

哈尔滨翌翔股份有限公司
2012.12.9
转账收讫

第三联　收款单位

附件 3.6.2

中国工商银行 进账单（收账通知）

2015年 12 月9 日

出票人	全称	黑龙江达通有限责任公司	收款人	全称	哈尔滨翌翔股份有限公司
	账号	23076853786		账号	035-1010-8212008
	开户银行	工商银行花园支行		开户银行	工行先锋办事处

金额	人民币（大写） 捌仟元整	亿	千	百	十	万	千	百	十	元	角	分
						¥	8	0	0	0	0	0

票据种类		票据张数		收款人开户银行签章
票据号码				
复核	记账			

此联是收款人的收账通知

附件 3.7.1

101040566 黑龙江省增值税专用发票 **№ 4005378**

发票联

开票日期：2015年12月10日

购货单位	名　　称：哈尔滨翌翔股份有限公司 纳税人识别号：230103789102603 地 址、电 话：哈尔滨市南岗区88号0451-88617788 开户行及账号：工行先锋办事处035-1010-8212008	密码区

货物或应税劳务名称	规格型号	单位	数量	单价	金额	税率	税额
小汽车	现代SONATA领翔	台	1	150 000.00	150 000.00	17%	25 500.00
合　计					150 000.00		25 500.00
价税合计(大写)	※壹拾柒万伍仟伍佰元整				小写 ¥175 500.00		

销货单位	名　　称：哈尔滨海德汽车制造有限公司 纳税人识别号：230103789102603 地 址、电 话：哈尔滨市迎滨路92号 0451-86569368 开户行及账号：工行西南办事处561283256	备注	

收款人：张玉　　复核：孙佳　　开票人：陈红　　销货单位：（章）

第二联 发票联

附件 3.7.2

中国工商银行

转账支票存根

X Ⅵ 274634

科　　目________________

对方科目________________

出票日期 2015年12月10日

转账收讫

收款人：海德汽车制造公司	
金　额：175 500.00	
用　途：购车	

单位主管　　　　　会计

附件 3.7.3

固定资产验收单

编号：201211

取得日期：2015年12月10日　　　　　　　　　　　交付使用日期：2015年12月10日

固定资产名　称	型号	来源	使用年月	原值				
				买价	运杂费	工程费	其他	合计
小汽车		外购	2015-12-10	150 000.00				150 000.00
预计残值	预计清理费用		预计使用年限	年折旧额	年折旧率	月折旧率	附属设备	
8 775.00			4年	35 306.25	23.54%	1.96%		
总经理	主管部门			使用部门		财会部门		
	经理	经办人		经理	使用人	经理		会计
刘强	李晶			刘丽	刘丽	刘丽		赵丽

附件 3.7.4

固定资产卡片

资产类别	运输工具	制造厂名		资金来源	自购
编号		出厂编号		购置日期	2015 年 12 月
名称	小汽车	出厂日期	2015 年 9 月	安装日期	
型号规格	现代 SONATA 领翔	使用部门	装配车间	开始使用日期	2015 年 12 月
技术特征		存放地点		建卡日期	2015 年 12 月 10 日

项目	金额	折旧			折旧		
		年份	摊提额	累计额	年份	摊提额	累计额
重置完全价值	175 500.00						
改装或添置价值							
清理残值							
清理费用							
使用年限							
已用年限							
		原价变动记录					
		日期	增加	减少	变动后金额	变动原因	
年：基本折旧率							
年：基本折旧额							
年：分类折旧率							
年：分类折旧额							

附件 3.8.1

374096267 黑龙江省增值税专用发票 **№ 05827057**

发票联

开票日期： 2015年12月12日

购货单位	名　　称：哈尔滨翌翔股份有限公司 纳税人识别号：230103789102603 地 址、电 话：哈尔滨市南岗区88号0451-88617788 开户行及账号：工行先锋办事处035-1010-8212008			密码区			
货物或应税劳务名称	规格型号	单位	数量	单价	金额	税率	税额
窗口安装					800.00	11%	88.00
合　计					800.00		88.00
价税合计(大写)	※捌佰捌拾捌元整				小写	￥888.00	
销货单位	名　　称：哈尔滨建发安装公司 纳税人识别号：23010563254879 地 址、电 话：哈尔滨市平房区81号0451-86613982 开户行及账号：农行新疆办029-1211-22809544			备注			

第二联 发票联

收款人：孙志　　复核：刘琴　　开票人：黎明　　销货单位：（章）

附件 3.9.1

投资协议书

今由兰海实业公司以起重机设备一台，对哈尔滨翌翔股份有限公司投资。该起重机 2013 年 10 月购入，原值 138 000 元，已提折旧 65 000 元，现行评估价值为 85 000 元，预计尚可使用 5 年。双方协商以评估价认定投资额，即 85 000 元，占哈尔滨翌翔股份有限公司 3%的股份。哈尔滨翌翔股份有限公司应按兰海实业公司所占股份，根据董事会决议比例予以分配红利；兰海实业公司应按投资所占股份比例承担哈尔滨翌翔股份有限公司的亏损额。

本协议自签字之日起生效，若一方违约，按有关法律条款处理。

投资方	接受投资方
单位名称（章）：兰海实业公司	单位名称（章）：哈尔滨翌翔股份有限公司
单位地址：大庆市	单位地址：哈尔滨市
法定代表人：曲兵	法定代表人：张文
委托代理人：	委托代理人：
电话：227896	电话：226036
传真：2356	传真：7656
开户银行：工商银行金海办事处	开户银行：工商银行先锋办事处
账号：776879825423006	账号：035-1010-8212008
邮政编码：	邮政编码：

2015 年 12 月 18 日

附件 3.9.2

产权转移书

大庆市兰海实业公司将价值 85 000 元的一台起重机以投资形式转让给哈尔滨翌翔股份有限公司，从即日起，该起重机的所有权由兰海实业公司转移给哈尔滨翌翔股份有限公司，特此说明。

投资方	接受投资方
单位名称（章）：兰海实业公司	单位名称（章）：哈尔滨翌翔股份有限公司
单位地址：大庆市	单位地址：哈尔滨市
法定代表人：曲兵	法定代表人：张文
委托代理人：	委托代理人：
电话：227896	电话：226036
传真：2356	传真：7656
开户银行：工商银行金海办事处	开户银行：工商银行先锋办事处
账号：776879825423006	账号：035-1010-8212008
邮政编码：	邮政编码：

2015 年 12 月 18 日

附件 3.9.3

固定资产入账（出账）通知单

被通知单位　　　　　　　　　　年　　月　　日　　　　　　　　　　编号

类别	资产编号	固定资产名称	规格型号	建造单位			数量	原值	折旧额		使用年限	收回残值	累计已提折旧	净值	所在地	（入账）原因
				名称	日期	编号			应计折旧总额	月折旧额						

通知单位　　　　　　　　　　经办人

附件 3.9.4

固定资产卡片

资产类别	生产设备	制造厂名	朝阳重型机械厂		资金来源	兰海实业公司投入	
编号		出厂编号			购置日期	2015 年 12 月	
名称	起重机	出厂日期	2013 年 10 月		安装日期		
型号规格		使用部门	装配车间		开始使用日期	2015 年 12 月	
技术特征		存放地点			建卡日期	2015 年 12 月 20 日	
项目	金额	折旧			折旧		
		年份	摊提额	累计额	年份	摊提额	累计额
重置完全价值	85 000.00						
改装或添置价值							
清理残值							
清理费用							
使用年限							
已用年限							
		原价变动记录					
		日期	增加	减少	变动后金额	变动原因	
年：基本折旧率							
年：基本折旧额							
年：分类折旧率							
年：分类折旧额							

附件 3.10.1

固定资产盘盈盘亏报告表

编报单位　　　　　　　　　　　　2015 年 12 月 31 日

资产编号	名称	规格型号	计量单位	盘盈			盘亏			原因	
				数量	重置价值	估计价值损耗	数量	原价	已提折旧	数量	
	砂轮机		台				1	3 000	1 700		借出未归还查无下落

附件 3.11.1

固定资产折旧计算表

2015年12月31日

折旧 / 部门	房屋建筑物		机器设备		办公设备		合　计	
	0.02%		0.08%		0.09%			
	原值	折旧额	原值	折旧额	原值	折旧额	原值	折旧额
基本生产车间	13 500 000.00	2 700.00	3 560 000.00	2 848.00	250 000.00	225.00	17 310 000.00	5 773.00
机修车间	6 700 000.00	1 340.00	1 520 000.00	1 216.00	90 000.00	81.00	8 310 000.00	2 637.00
供汽车间	8 200 000.00	1 640.00	1 020 000.00	816.00	80 000.00	72.00	9 300 000.00	2 528.00
销售部	2 000 000.00	400.00			120 000.00	108.00	2 210 000.00	508.00
行政管理	12 300 000.00	2 460.00			520 000.00	468.00	12 820 000.00	2 928.00
合　计	42 700 000.00	8 540.00	6 100 000.00	4 880.00	1 060 000.00	954.00	49 860 000.00	14 374.00

会计主管：　　　　　　　　　　　　　　　　　　制表：

第四章　往来结算会计岗位实训

4.1 往来结算会计岗位职责

（1）熟悉与债权、债务相关的法律法规，协助会计主管人员建立健全往来会计内部控制制度，建立债务人资信档案，掌握债务人资信情况。

（2）按照单位和个人分别设置往来明细账户。根据审核后凭证逐笔顺序登记，并经常与债权人、债务人核对往来账目，年终要抄列清单。

（3）配合责任部门或人员及时清理应收应付、预收预付款项，办理收回或偿还手续，防止遗漏。

（4）对预借的差旅费，要督促及时办理报销手续，收回余额，不得拖欠，不准挪用，要按照规定开支标准，严格审查有关支出。

（5）计提坏账准备，对确实无法收回的应收款项和不能支付的应付款项，应查明原因，按规定报批处理。

（6）定期为有关部门、人员和相关领导提供债权债务信息。

4.2 往来结算会计岗位业务流程

往来结算会计岗位业务流程如图 4.1 所示。

4.3 往来结算会计岗位实训目的与要求

一、实训目的

通过本岗位的实训，使学生全面了解往来结算会计岗位的基本职责和业务流程；掌握各种债权、债务确认的计量标准及其账务处理的操作技能；掌握坏账准备的计算和账务处理方法；掌握往来账项总账科目和明细科目的设置与登记方法。

二、实训要求

（1）补填原始凭证（附件 4.17.1）。

（2）根据经济业务编制记账凭证。

（3）设立、登记往来款项账户，并进行对账与结账。

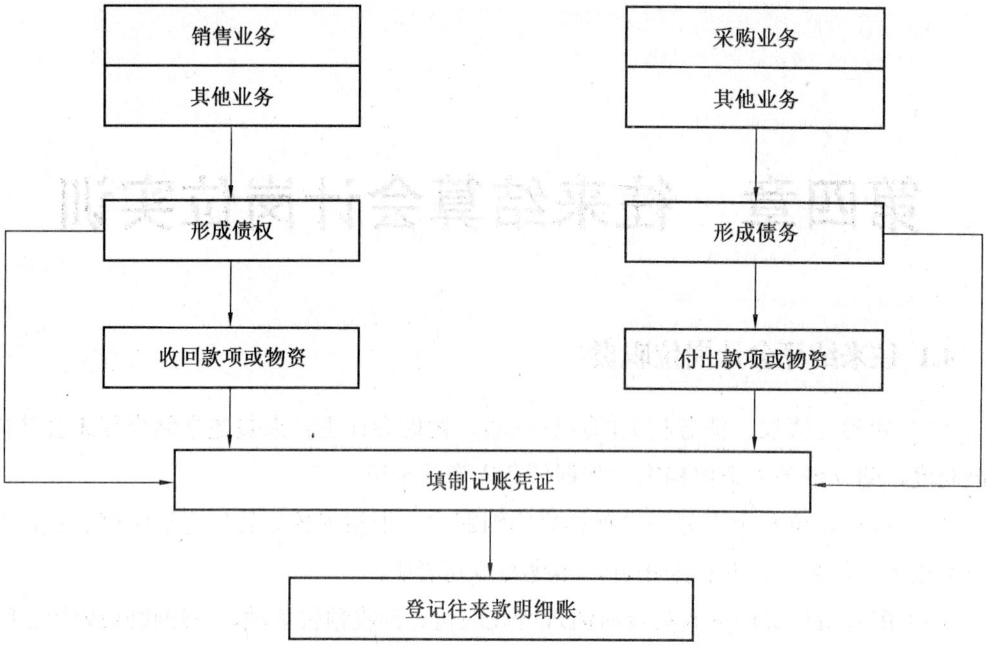

图 4.1　往来结算会计岗位业务流程图

4.4 往来结算会计岗位实训内容

一、企业基本情况

企业名称：哈尔滨荣智有限责任公司

地址：哈尔滨市南岗区 51 号

电话：87697777

经营范围：生产销售甲、乙两种产品

注册资金：1 000 万元

纳税人登记号：230105665511123

开户银行及账号：工行和兴支行 35000534168021

本公司 2015 年 3 月 31 日往来账户总账、明细账余额如下：

（1）应收账款总账余额为 303 900 元，其明细账户余额为：

威远公司　63 250 元

新都公司　97 620 元

天山工厂　54 200 元

海川公司　45 830 元

爱特公司　38 700 元

宜华公司　4 300 元

（2）坏账准备总账余额为 15 195 元。

（3）应收票据总账余额为 255 500 元，其明细账户余额为：

恒星公司（4 月 16 日到期）　67 000 元

安瑞公司（4 月 6 日到期）　48 500 元

美达公司（6 月 11 日到期）　52 000 元

兴盛公司（8 月 25 日到期）　88 000 元

（4）其他应收款总账余额为 9 000 元，其明细账户余额为：

刘力　4 000 元

王哲　5 000 元

（5）预付账款总账余额为 45 000 元，其明细账户余额为：

天马公司　30 000 元

华兴公司　15 000 元

公司期末采用应收账款余额百分比法计提坏账准备，计提比例为 5%。

二、实训资料

附件 4.1.1

差旅费报销单

预借款	4000
补领或交还	

2015年4月2日

部门	销售部	姓名	刘力		出差事由	参加展销会			
出差起止日期	自2015年3月20日至2015年3月26日共计 7 天					附单据 9 张			
起讫时间	起讫地点	飞机、车、船		住宿费	出差补贴	市内交通费	其他费用		附注
		名称	金额				名称	金额	
3.20	哈尔滨至沈阳		560.00	1 050.00	490.00	104.00		100.00	
3.26	沈阳至哈尔滨		560.00						
合计			1 120.00	1 050.00	490.00	104.00		100.00	
合计金额（大写）贰仟捌佰陆拾肆元整								2 864.00	

单位主管　　　　复核　　　　出差人

附件 4.1.2

收 款 收 据

2015年 4 月 2 日 No001

交款人		刘　力
款项内容		退还多借差旅费
金额	人民币（大写）	壹仟壹佰叁拾陆元整　¥1136.00

第三联　收款单位记账

哈尔滨荣智有限责任公司
2015.4.2
现金收讫

收款单位盖章　　出纳　　交款人

附件 4.1.3

中国工商银行现金存款单

2015 年 4 月 2 日

存款单位全称	哈尔滨荣智有限责任公司	账　号	35000534168021
款 项 来 源	返回多借差旅费	开 户 行	工行和兴支行

人民币（大写）壹仟壹佰叁拾陆元整

千	百	十	万	千	百	十	元	角	分
			¥	1	1	3	6	0	0

券别	张(枚)	金额（千百十万千百十元角分）	券别	张(枚)	金额（千百十万千百十元角分）
壹佰元			伍　角		
伍拾元			贰　角		
贰拾元			壹　角		
拾　元			伍　分		
伍　元			贰　分		
贰　元			壹　分		
壹　元					

中国工商银行
和兴支行
2015.4.2
业务清讫

收款银行盖章　　收款　复核

附件 4.2.1

210040215　　黑龙江省增值税专用发票　　№ 23464312

发票联

开票日期：2015年4月1日

购货单位	名　　称：哈尔滨荣智有限责任公司 纳税人识别号：230105665511123 地 址、电 话：哈尔滨市南岗区51号0451-87697777 开户行及账号：工行和兴支行35000534168021	密码区

货物或应税劳务名称	规格型号	单位	数量	单价	金额	税率	税额
A材料		千克	600	47.00	28 200.00	17%	4 794.00
合　计					28 200.00		4 794.00
价税合计(大写)	※叁万贰仟玖佰玖拾肆元整				（小写）¥32 994.00		

销货单位	名　　称：天马有限公司 纳税人识别号：430108653108975 地 址、电 话：牡丹江雷锋东路10号0453-72345678 开户行及账号：建行华东办事处015-1015-86283256	备注	天马有限公司 230103161544127 发票专用章

收款人：　　复核：李明　　开票人：张芳　　销货单位：（章）

第二联　发票联

附件 4.2.2

收 料 单

发票号：23464312号　　2015年 4 月 3 日　　No004

供应单位	天马有限公司		材料类别及编号				
材料名称及规格	计量单位	数量		实 际 成 本			
		发票数	实收数	发票价格	运杂费	合计	单价
A材料	千克	600	600	28 200		28 200	47
备　注							

核算　　保管　　检验　　交库

记账联

附件 4.3.1

230021579　黑龙江省增值税专用发票　№ 34863719

开票日期：　2015年4月5日

购货单位	名　　称：哈尔滨市东方公司 纳税人识别号：230105112379536 地 址、电 话：哈尔滨市道外区18号0451-57869477 开户行及账号：建行东风支行213468902	密码区	

货物或应税劳务名称	规格型号	单位	数量	单价	金额	税率	税额
甲产品		件	200	550.00	110 000	17%	18 700.00
合　计					110 000.00		18 700.00
价税合计(大写)	※壹拾贰万捌仟柒佰元整						128 700.00

销货单位	名　　称：哈尔滨荣智有限责任公司 纳税人识别号：230105665511123 地 址、电 话：哈尔滨市南岗区51号 开户行及账号：工行和兴支行35000534168021	备注	哈尔滨荣智有限责任公司 230105665511123 发票专用章

收款人：　复核：赵亮　开票人：曲玲　销货单位：（章）

第四联　记账联

附件 4.3.2

商业承兑汇票

出票日期（大写）　贰零壹伍 年 零肆 月 零伍日

收款人	全　称	哈尔滨市荣智有限责任公司	付款人	全　称	哈尔滨市东方公司
	账　号	35000534168021		账　号	213468902
	开户行及账号	工行和兴支行		开户行及账号	建行东风支行
汇票金额	人民币（大写）壹拾贰万捌仟柒佰元整				亿千百十万千百十元角分：¥ 1 2 8 7 0 0 0 0
汇票到期日	贰零壹伍年零柒月零伍日		交易合同号	003	
本汇票已经承兑，到期无条件付款。 承兑人签章 承兑日期　年　月　日			哈尔滨市东方公司财务专用章　王启明印 出票人签章		

收款人开户行随委托收款凭证寄付款人开户行转付款人

注：此件为商业承兑汇票复印件

附件 4.3.3

销售产品出库单

购货单位：哈尔滨市东方公司　　　　2015-4-5　　　　编　号：401

产品编号	产品名称	型号规格	单位	数量	单位成本	总成本	备注
	甲产品		件	200			
备　注				结算方式	支票	运输方式	自提

第三联　财务记录

部长：孙宇　　　　发货：李靖　　　　制单：张琦

附件 4.4.1

中国工商银行 进账单（收账通知）

2015年 4 月 6 日

出票人	全称	安瑞有限责任公司	收款人	全称	哈尔滨荣智有限责任公司
	账号	68230753786		账号	35000534168021
	开户银行	工商银行大安支行		开户银行	工行和兴支行
金额	人民币（大写）	肆万捌仟伍佰元整		亿千百十万千百十元角分	¥48500.00
票据种类	银行承兑汇票	票据张数	1张		
票据号码					
复核	记账			收款人开户银行签章	

中国工商银行 和兴支行 2015.4.6 业务清讫

此联是收款人的收账通知

附件 4.5.1

业务委托书（回单）

2015年 4 月 8 日

业务类型	☑电汇 ☐信汇 ☐汇票申请书 ☐本票申请书 ☐其他				
汇款人	全 称	哈尔滨荣智有限责任公司	收款人	全 称	天马有限公司
汇款人	账号或地址	35000534168021	收款人	账号或地址	015-1015-86283256
汇款人	开户银行	工行和兴支行	收款人	开户银行	沈阳市建行华东办事处
金额(大写) 贰仟玖佰玖拾肆元整					
密 码		加急汇款签字		付出行签章	中国工商银行 和兴支行 2015.4.8 业务清讫
用 途	还账款				
备 注					

亿	千	百	十	万	千	百	十	元	角	分
				¥	2	9	9	4	0	0

事后监督： 会计主管： 复核： 记账：

第一联回单联

附件 4.6.1

托收凭证（收账通知）

受托日期 2015 年 4 月 5 日

业务类型	委托收款（☐邮划、☑电划）			托收承付（☐邮划、☐电划）			
付款人	全 称	新都公司		收款人	全 称	哈尔滨荣智有限责任公司	
付款人	账 号	1208435		收款人	账 号	35000534168021	
付款人	地 址	广东省深圳市	开户行 农行解放支行	收款人	地 址	哈尔滨市	开户行 工行和兴支行
金额	人民币（大写）	玖万柒仟陆佰贰拾元整					
款项内容	货款	托收凭据名称	发票	附寄单证张数	2		
商品发运情况		合同名称号码		中国工商银行 和兴支行 2015.4.9 业务清讫			
备注：	款项受托日期			收款人开户银行签章			
复核	记账	年 月 日		年 月 日			

亿	千	百	十	万	千	百	十	元	角	分
			¥	9	7	6	2	0	0	0

收款人开户银行给收款人的收账通知

附件 4.7.1

业务委托书（回单）

2015年 4 月 10 日

业务类型	□电汇 ☑信汇 □汇票申请书 □本票申请书 □其他				
汇款人	全 称	哈尔滨荣智有限责任公司	收款人	全 称	顺康有限公司
	账号或地址	35000534168021		账号或地址	62873256
	开户银行	工行和兴支行		开户银行	工行前门办事处

	亿	千	百	十	万	千	百	十	元	角	分
金额(大写) 伍万元整				¥	5	0	0	0	0	0	0

密 码		加急汇款签字		付出行签章 中国工商银行 和兴支行 2015.4.10 业务清讫
用 途	预付货款			
备 注				

第一联回单联

事后监督： 会计主管： 复核： 记账：

附件 4.8.1

商业承兑汇票

出票日期（大写） 贰零壹伍 年 零壹 月 壹拾壹日

收款人	全 称	哈尔滨市荣智有限责任公司	付款人	全 称	哈尔滨市美达公司
	账 号	35000534168021		账 号	721465902
	开户行及账号	工行和兴支行		开户行及账号	建行东风支行

		亿	千	百	十	万	千	百	十	元	角	分
汇票金额	人民币（大写)伍万贰仟元整				¥	5	2	0	0	0	0	0

汇票到期日	贰零壹伍年零陆月壹拾壹日	交易合同号	331
本汇票已经承兑， 到期无条件付款。 承 兑 人 签 章 承兑日期 年 月 日		哈尔滨市美达公司财务专用章 峰赵印海 出 票 人 签 章	

收款人开户行随委托收款凭证寄付款人开户行转付款人

注：此件为商业承兑汇票复印件

附件 4.8.2

应收票据贴现通知书

因资金需要，现将哈尔滨市美达公司的商业承兑汇票予以贴现。

财务部长：陈风

2015 年 4 月 11 日

附件 4.8.3

贴现凭证（收账通知）　4

填写日期：贰零壹伍年肆月壹拾壹日　　第74557号

<table>
<tr><td rowspan="3">贴现汇票</td><td>种类</td><td>商业承兑汇票</td><td>号码</td><td>SC05179</td><td rowspan="3">申请人</td><td>名称</td><td colspan="3">哈尔滨荣智有限责任公司</td></tr>
<tr><td>出票日</td><td colspan="3">2015年1月11日</td><td>账号</td><td colspan="3">35000534168021</td></tr>
<tr><td>到期日</td><td colspan="3">2015年6月11日</td><td>开户银行</td><td colspan="3">工行和兴支行</td></tr>
<tr><td colspan="2">汇票承兑人（或银行）</td><td>名称</td><td colspan="2">哈尔滨市美达公司</td><td>账号</td><td>721465902</td><td>开户银行</td><td colspan="2">建行东风支行</td></tr>
<tr><td colspan="2">汇票金额（贴现金额）</td><td>人民币（大写）</td><td colspan="5">伍万贰仟元整</td><td colspan="2">千 百 十 万 千 百 十 元 角 分
¥ 5 2 0 0 0 0 0</td></tr>
<tr><td>贴现率</td><td>8.10%</td><td>贴现利息</td><td colspan="3">千 百 十 万 千 百 十 元 角 分
¥ 7 0 2 0 0</td><td colspan="2">实付贴现金额</td><td colspan="2">千 百 十 万 千 百 十 元 角 分
¥ 5 1 2 9 8 0 0</td></tr>
<tr><td colspan="5">中国工商银行
上述款项已入你单位账户。
2015.4.10
此致
业务清讫
银行盖章
2015年4月11日</td><td colspan="5">备注：</td></tr>
</table>

此联银行给贴现申请人的收款通知

附件 4.9.1

270160145　　黑龙江省增值税专用发票　　№ 32476839

发票联

开票日期：　2015年4月13日

购货单位	名　　称：哈尔滨荣智有限责任公司 纳税人识别号：230105665511123 地址、电话：哈尔滨市南岗区51号0451-87697777 开户行及账号：工行和兴支行35000534168021			密码区			
货物或应税劳务名称	规格型号	单位	数量	单价	金额	税率	税额
C材料		千克	500	800.00	400 000.00	17%	68 000.00
合　计					400 000.00		68 000.00
价税合计(大写)	※肆拾陆万捌仟元整						468 000.00
销货单位	名　　称：华康有限公司 纳税人识别号：318758406157623 地址、电话：牡丹江苹果北路20号0453-68792456 开户行及账号：建行苹果办事处5879843362			备注	华康有限公司 318758406157623 发票专用章		

收款人：　　　　复核：　　　　开票人：　　　　　　销货单位：（章）

第二联　发票联

附件 4.9.2

银行承兑汇票（存根）　　3　　AB/01　　10268412

出票日期（大写）　贰零壹伍年零肆月壹拾叁日

出票人全称	哈尔滨荣智有限责任公司	收款人	全称	华康有限公司
出票人账号	35000534168021		账号	5879843362
付款行全称	工行和兴支行		开户银行	建行苹果办事处
出票金额	人民币（大写）肆拾陆万捌仟元整		亿千百十万千百十元角分	¥46800000
汇票到期日（大写）	贰零壹伍年柒月壹拾叁日	付款人开户行	行号	421
承兑协议编号			地址	哈尔滨市和兴路111号
备注：			中国工商银行 和兴支行 2015.4.13 业务清讫	

此联由出票人留存

附件 4.9.3

银行承兑协议

协议编号：

收款人全称 华康有限公司　付款人全称 哈尔滨荣智有限责任公司

开户银行 建行苹果办事处　开户银行 工行和兴支行

账　　号 5879843362　账　　号 35000534168021

汇票号码 10268412　汇票金额(大写) 肆拾陆万捌仟元整

签发日期 2015 年 4 月 13 日　到期日期 2015 年 7 月 13 日

以上汇票经承兑银行承兑，承兑申请人(下称申请人)愿遵守《银行结算办法》的规定以及下列条款：

一、申请人于汇票到期日前将应付票款足额交存承兑银行。

二、承兑手续费按票面金额万分之（ 五 ）计算，在申请时一次付清。

三、承兑汇票如发生任何交易纠纷，均由收付双方自行处理，票款于到期前仍按第一条办理。

四、承兑汇票到期日，承兑银行凭票无条件支付票款。如到期日之前申请人不能足额交付票款时，承兑银行对不足支付票款转作承兑申请逾期贷款，并按照有关规定计收罚息。

五、承兑汇票款付清后，本协议自动失效。本协议第一、二联分别由承兑银行信贷部门和承兑申请人存执，协议副本由承兑银行会计部门存查。

承兑银行：工行和兴支行　承兑申请人：哈尔滨荣智有限责任公司

订立承兑协议日期 2015 年 4 月 13 日

附件 4.9.4

中国工商银行

收费凭条

2015年4月13日　　　　2353904

付款人名称	哈尔滨荣智有限责任公司		付款人账号	35000534168021									
服务项目（凭证种类）	数量	工本费	手续费	小计									上述款项请从我账户中支付。 预留印鉴： 哈尔滨荣智有限责任公司财务专用章 陈荣智印
				百	十	万	千	百	十	元	角	分	
银行承兑汇票	1							2	3	4	0	0	
金额（大写）　贰佰叁拾肆元整							¥	2	3	4	0	0	
以下在购买凭证时填写													
领购人姓名			领购人证件类型										
			领购人证件号码										

附件 4.10.1

关于应收账款核销的批示

应收宜华公司货款人民币肆仟叁佰元整（¥4 300 元），已逾期三年无法收回，经批准同意核销。

财务总监：丁一

2015 年 4 月 14 日

附件 4.11.1

230021579　黑龙江省增值税专用发票　№ 34863720

记账联

开票日期：2015年4月15日

购货单位	名　　称：沈阳利丰公司 纳税人识别号：430113057192823 地 址、电 话：沈阳市长江路98号024-65798163 开户行及账号：中行长江支行3184628962			密码区			
货物或应税劳务名称	规格型号	单位	数量	单价	金额	税率	税额
乙产品		件	100	850.00	85 000	17%	14 450.00
合　计					85 000.00		14 450.00
价税合计(大写)	※玖万玖仟肆佰伍拾元整				小写	￥99 450.00	
销货单位	名　　称：哈尔滨荣智有限责任公司 纳税人识别号：230105665511123 地 址、电 话：哈尔滨市南岗区51号 开户行及账号：工行和兴支行35000534168021			备注	哈尔滨荣智有限责任公司 230105665511123 发票专用章		

第四联　记账联

收款人：　　复核：赵亮　　开票人：曲玲　　销货单位：（章）

附件 4.11.2

中国工商银行

转账支票存根

X Ⅵ 647015

附加信息

出票日期 2015年4月15日

收款人：	吉祥运输公司
金　额：	1 600.00
用　途：	运输费

单位主管　　　　会计

附件 4.11.3

托收凭证（受理回单）

受托日期 2015 年 4 月 15 日

<table>
<tr><td>业务类型</td><td colspan="3">委托收款（□邮划、□电划）</td><td colspan="4">托收承付（□邮划、□√电划）</td></tr>
<tr><td rowspan="3">付款人</td><td>全 称</td><td colspan="2">沈阳利丰公司</td><td rowspan="3">收款人</td><td>全 称</td><td colspan="2">哈尔滨荣智有限责任公司</td></tr>
<tr><td>账 号</td><td colspan="2">3184628962</td><td>账 号</td><td colspan="2">35000534168021</td></tr>
<tr><td>地 址</td><td>辽宁省沈阳市 开户行 中行长江支行</td><td></td><td>地 址</td><td>哈尔滨市 开户行</td><td>工行和兴支行</td></tr>
<tr><td>金额</td><td>人民币（大写）</td><td colspan="4">壹拾万零壹仟零伍拾元整</td><td colspan="2">亿 千 百 十 万 千 百 十 元 角 分
¥ 1 0 1 0 5 0 0 0</td></tr>
<tr><td colspan="2">款项内容</td><td>货款</td><td>托收凭据名称</td><td colspan="2">发票</td><td>附寄单证张数</td><td>3</td></tr>
<tr><td colspan="2">商品发运情况</td><td colspan="3"></td><td>合同名称号码</td><td colspan="2"></td></tr>
<tr><td colspan="2">备注：</td><td colspan="3">款项受托日期</td><td colspan="3">中国工商银行
和兴支行
2015.4.15
业务清讫
收款人开户银行签章</td></tr>
<tr><td>复核</td><td>记账</td><td colspan="3">年 月 日</td><td colspan="3">年 月 日</td></tr>
</table>

收款人开户银行给收款人的回单

附件 4.11.4

销售产品出库单

购货单位：沈阳利丰公司　　2015-4-15　　编　号：402

产品编号	产品名称	型号规格	单位	数量	单位成本	总成本	备注
	乙产品		件	100			
备　注				结算方式	托收承付	运输方式	代垫运费

第三联　财务记录

部长：孙宇　　发货：李靖　　制单：张琦

附件 4.12.1

商业承兑汇票

出票日期（大写） 贰零壹肆 年 壹拾贰 月 壹拾陆日

收款人	全　称	哈尔滨荣智有限责任公司	付款人	全　称	哈尔滨市恒星公司
	账　号	35000534168021		账　号	1724657902
	开户行及账号	工行和兴支行		开户行及账号	工行和平支行
汇票金额	人民币（大写）陆万柒仟元整			亿千百十万千百十元角分	¥67000000
汇票到期日	贰零壹伍年零肆月壹拾陆日		交易合同号	343	
本汇票已经承兑，到期无条件付款。 承兑人签章 承兑日期　年　月　日			哈尔滨市恒星公司财务专用章　杨帆之印 出票人签章		

收款人开户行随委托收款凭证寄付款人开户行转付款人

附件 4.12.2

中国工商银行特种转账借方传票

2015年4月16日

付款单位	全称	哈尔滨荣智有限责任公司	收款单位	全称	工行和兴支行
	账号或地址	35000534168021		账号或地址	
	开户银行	工行和兴支行		开户银行	工行和兴支行
金额	人民币（大写）	陆万柒仟元整		¥67 000.00	
原始凭证金额	陆万柒仟元整	罚款赔偿金		科目（贷）	
原始凭证名称	商业承兑汇票	号码			
转载原因	贴现未收款，商业承兑汇票到期无法收回。 银行盖章			对方科目（借） 会计　复核　出纳	

中国工商银行和兴支行 2015.4.16 业务清讫

附件 4.13.1

230061849　黑龙江省增值税专用发票　№ 42768335

（印章：全国统一发票监制章 黑龙江 国家税务局监制）

开票日期：2015年4月19日

购货单位	名　　称：哈尔滨荣智有限责			密码区			
	纳税人识别号：230105665511123						
	地 址、电 话：哈尔滨市南岗区51号0451-87697777						
	开户行及账号：工行和兴支行35000534168021						
货物或应税劳务名称	规格型号	单位	数量	单价	金额	税率	税额
D材料		千克	200	380.00	76 000.00	17%	12 920.00
合　计					76 000.00		12 920.00
价税合计(大写)	※捌万捌仟玖佰贰拾元整				（小写）¥88 920.00		
销货单位	名　　称：鸿飞有限公司			备注	鸿飞有限公司 230871540657236 发票专用章		
	纳税人识别号：230871540657236						
	地 址、电 话：哈尔滨江北路120号0451-87962435						
	开户行及账号：农行江北支行15284769332						

收款人：　　复核：　　开票人：　　销货单位：（章）

第二联 发票联

附件 4.13.2

银 行 承 兑 汇 票　2　AB/01　1560241

出票日期（大写）　贰零壹伍年 零贰月 贰拾伍日

出票人全称	兴盛公司	收款人	全称	哈尔滨荣智有限责任公司
出票人账号	351018719205607		账号	35000534168021
付款行全称	工行香槟分理处		开户银行	工行和兴支行
出票金额	人民币（大写）捌万捌仟元整	亿 千 百 十 万 千 百 十 元 角 分		¥ 8 8 0 0 0 0 0
汇票到期日（大写）	贰零壹伍年零捌月贰拾伍日	付款人开户行	行号	327
承兑协议编号			地址	哈尔滨市香槟路52号
本汇票请你行承兑，到期无条件付款。 （印章：哈尔滨市兴盛公司财务专用章）（印章：刘维之印） 出票人签章		本汇票已经承兑，到期日由本行付款。 （印章：中国工商银行和兴支行 2015.4.19 汇票专用章） 承兑行签章 承兑日期　年　月　日 备注：		复核　　记账

此联持票人开户行随托收凭证寄付款人开户行作借方凭证附件

注：此件为银行承兑汇票复印件

附件 4.13.3

黑龙江省单位往来资金结算票据

批准机关	财政厅
批准文号	黑财费（2012）5号
批准日期	2012年1月5日

No011

2015年 4 月 19 日

交款单位	哈尔滨荣智有限责任公司
交款事项	购货款
金　　额	人民币(大写)　玖佰贰拾元整

鸿飞有限公司 2015. 4. 19 现金收讫 ￥920.00

收据联

收款单位盖章　　　　　　收款人

附件 4.13.4

收 料 单

发票号：42768335号　　　　2015年 4 月 19 日　　　　No007

供应单位	鸿飞有限公司			材料类别及编号			
材料名称及规格	计量单位	数量		实 际 成 本			
		发票数	实收数	发票价格	运杂费	合计	单价
D材料	千克	200	200	76 000		76 000	380
备　注							

记账联

核算　　　　保管　　　　检验　　　　交库

附件 4.14.1

105206149 **黑龙江省增值税专用发票** № 76183735

发票联

开票日期： 2015年4月23日

购货单位	名　　称：哈尔滨荣智有限责任公司 纳税人识别号：230105665511123 地 址、电 话：哈尔滨市南岗区51号0451-87697777 开户行及账号：工行和兴支行35000534168021			密码区			
货物或应税劳务名称	规格型号	单位	数量	单价	金额	税率	税额
B材料		千克	200	200.00	40 000.00	17%	6 800.00
合　计					40 000.00		6 800.00
价税合计(大写)	※肆万陆仟捌佰元整				小写	¥46 800.00	
销货单位	名　　称：顺康有限公司 纳税人识别号：152087594067236 地 址、电 话：牡丹江前门大街205号0453-75948365 开户行及账号：工行前门办事处62873256			备注	顺康有限公司 152087594067236 发票专用章		

第二联 发票联

收款人：　　复核：　　开票人：　　销货单位：（章）

附件 4.14.2

收 料 单

发票号：76183735号　　2015年 4 月 23 日　　No008

供应单位	顺康有限公司			材料类别及编号			
材料名称及规格	计量单位	数量		实际成本			
		发票数	实收数	发票价格	运杂费	合计	单价
B材料	千克	200	200	40 000		40 000	200
备　注							

记账联

核算　　保管　　检验　　交库

附件 4.15.1

业务委托书（收账通知）

2015年　4　月　25　日

业务类型	☑电汇　☐信汇　☐汇票申请书　☐本票申请书　☐其他				
汇款人	全　称	顺康有限公司	收款人	全　称	哈尔滨荣智有限公司
	账号或地址	62873256		账号或地址	35000534168021
	开户银行	工行前门办事处		开户银行	工行和兴支行
金额(大写)　叁仟贰佰元整					

亿	千	百	十	万	千	百	十	元	角	分
				¥	3	2	0	0	0	0

密　码		加急汇款签字		收款人开户行签章 中国工商银行 和兴支行 2015.4.25 业务清讫
用　途	退回多余货款			
备　注				

事后监督：　　　　会计主管：　　　　复核：　　　　记账：

此联是收款人的收账通知

附件 4.16.1

商业承兑汇票

出票日期（大写）　贰零壹伍 年 零肆 月 贰拾柒 日

收款人	全　称	哈尔滨荣智有限责任公司	付款人	全　称	哈尔滨市爱特公司
	账　号	35000534168021		账　号	2167509329
	开户行及账号	工行和兴支行		开户行及账号	工行建设办事处
汇票金额	人民币（大写）叁万捌仟柒佰元整				
汇票到期日	贰零壹伍年零柒月贰拾柒日		交易合同号	331	

亿	千	百	十	万	千	百	十	元	角	分
			¥	3	8	7	0	0	0	0

本汇票已经承兑， 到期无条件付款。 承兑人签章 承兑日期　年　月　日	哈尔滨市爱特公司财务专用章 王新之印 出票人签章

收款人开户行随委托收款凭证

寄付款人开户行转付款人

注：此件为商业承兑汇票复印件

附件 4.17.1

坏账准备计提表

2015 年 4 月 30 日

项目	期末账面余额	计提比例	应提准备数	账面已提数	应提（或冲减）数

第五章　职工薪酬会计岗位实训

5.1 职工薪酬会计岗位职责

（1）认真贯彻执行国家有关职工薪酬的政策、法规，会同企业有关部门制定本单位各项职工薪酬的具体标准、核算办法。

（2）按照国家有关政策法规和企业的具体规定，计算提取各项职工薪酬并组织发放或及时向有关部门交付。

（3）填制、审核原始凭证，对各项职工薪酬进行明细核算，并登记有关明细账。

（4）负责及时、准确地编制劳动工资方面的统计报表，提出有关的统计分析报告和改革建议。

5.2 职工薪酬会计岗位业务流程

职工薪酬会计岗位业务流程如图 5.1 所示。

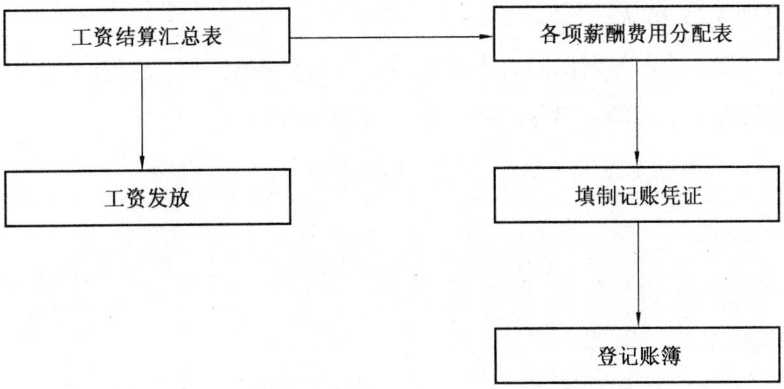

图 5.1 职工薪酬会计岗位业务流程图

5.3 职工薪酬会计岗位实训目的与要求

一、实训目的

通过本岗位的实训，使学生全面了解职工薪酬会计岗位的基本职责和业务流程；掌握职工薪酬的内容、各项目的计算、分配、结算基本方法；熟练掌握工资结算汇总表、各项薪酬费用分配表等原始凭证的填制；掌握应付职工薪酬明细账户的设置与登记方法。

二、实训要求

（1）补填原始凭证（附件 5.5.3、附件 5.5.4、附件 5.6.1）。

（2）根据经济业务编制记账凭证。

（3）设立、登记应付职工薪酬明细账，并进行结账。

5.4 职工薪酬会计岗位实训内容

一、企业基本情况

企业名称：黑龙江新乐有限责任公司

地址：哈尔滨市动力区 28 号

电话：79562111

经营范围：生产销售健身器材

注册资金：5 000 万元

纳税人登记号：230117906523777

开户银行及账号：建行工大支行 32916534186123

公司共有职工 130 人，直接参加生产的职工 70 人，车间管理人员 20 人，销售人员 20 人，其他管理人员 20 人。

公司医疗保险、基本养老保险、失业保险、住房公积金、工会经费和职工教育经费分别按照工资总额的 6%、20%、2%、8%、2%、1.5%提取。

二、实训资料

附件 5.1.1

黑龙江省租赁业专用发票

发票联　　　　　　　　　　　　　　　发票代码265300108257

客户名称：黑龙江新乐有限责任公司　　　　2015年2月1日　　　　　　　发票号码01972345

项　　目	摘　　要	单位	数量	单价	金额
房屋租金					¥5 000.00
合计(大写)伍仟元整					¥5 000.00

第二联　报销凭证

收款：张军　　　　　　经办：刘明　　　　　　收款单位（盖章）

家乐有限公司　2015.2.1　转账收讫

注：为部门经理提供公寓房住。

附件 5.1.2

中国建设银行

转账支票存根

X Ⅵ 487209

附加信息

出票日期 2015年2月1日

收款人：家乐有限公司
金　额：5 000.00
用　途：房租

单位主管　　　　　会计

附件 5.2.1

伙食补贴发放明细

2015 年 2 月 2 日

部门	人数
生产部（生产工人）	70
生产部（管理人员）	20
销售部	20
行政事业部	20
合计	130

会计主管：　　　　　　　　　　　　　　制表：

附件 5.2.2

收　　据

2015年2月2日　　　　　　　　No0231

交款单位		黑龙江新乐有限责任公司
款项内容		2月份伙食补贴（130人*60元/人）
金额	人民币（大写）	柒仟捌佰元整　　　¥7 800.00

第二联　交款单位

黑龙江新乐有限责任公司
2015. 2. 2
现金付讫

单位盖章　　　　会计主管　　　　出纳　　　　审核　　　　经办

附件 5.3.1

解除劳动关系计划汇总表

2015 年 2 月 5 日

部门	职务	辞退人数	补偿金额（万元）
基本生产车间	车间副主任	1	10
	高级技工	5	35
	普通技工	15	60
合　计		21	105

会计主管：　　　　　　　　　　　　　　　　　　　　　　制表：

附件 5.4.1

关于给予张华生活困难补助的批示

基本生产车间职工张华生活困难，情况属实，公司决定给予其生活困难补助 900 元。

总经理：王明

2015 年 2 月 10 日

附件 5.4.2

职工困难补助报销单

2015年2月10日

职工姓名		张华	
补助内容		生活困难补助	
补助金额	人民币（大写）	玖佰元整 黑龙江新乐有限责任公司 2015. 2. 10 现金付讫	￥900. 00

单位盖章　　　　会计主管　　　　出纳　　　　审核　　　　经办

附件 5.5.1

工 资 结 算 汇 总 表

2015年2月15日

部门		应付工资	代扣款项							实发工资
			养老保险	失业保险	医疗保险	住房公积金	房租	个人所得税	合计	
基本生产车间	生产工人	175 000.00	14 000.00	3 500.00	10 500.00	14 000.00	3 500.00	16.00	45 516.00	129 484.00
	管理人员	70 000.00	5 600.00	1 400.00	4 200.00	5 600.00	800.00	35.00	17 635.00	52 365.00
	合计	245 000.00	19 600.00	4 900.00	14 700.00	19 600.00	4 300.00	51.00	63 151.00	181 849.00
机修车间		26 000.00	2 080.00	520.00	1 560.00	2 080.00	700.00	7.00	6 947.00	19 053.00
销售部门		104 000.00	8 320.00	2 080.00	6 240.00	8 320.00	1 500.00	728.00	27 188.00	76 812.00
管理部门		82 000.00	6 560.00	1 640.00	4 920.00	6 560.00	500.00	58.00	20 238.00	61 762.00
总计		457 000.00	36 560.00	9 140.00	27 420.00	36 560.00	7 000.00	844.00	117 524.00	339 476.00

会计主管：　　　　复核：　　　　制表：

附件 5.5.2

基本生产车间产品耗用工时报告表

2015 年 2 月

产　品	生产耗用工时	备　注
A 产品	13 000	
B 产品	7 000	
合　计	20 000	

会计主管：　　　　复核：　　　　制单：

附件 5.5.3

生产工人工资费用分配表

2015 年 2 月 15 日

部　门	生产耗用工时	分配率	分配额
A 产品生产工人	13 000		
B 产品生产工人	7 000		
合　计			

会计主管：　　　　复核：　　　　制表：

附件 5.5.4

住房公积金、社会保险、设定提存计划、工会经费等计算表

2015 年 2 月 15 日

部　门	工资总额	住房公积金（8%）	养老保险（20%）	失业保险（2%）	医疗保险（6%）	工会经费（2%）	职工教育经费（1.5%）	合　计
A 产品生产工人								
B 产品生产工人								
基本生产车间管理人员								
机修车间人员								
销售部门人员								
企业管理部门人员								
合　计								

会计主管：　　　　　　复核：　　　　　　制表：

附件 5.6.1

代扣款项结转表

2015 年 2 月 15 日

贷记科目	养老保险	失业保险	医疗保险	住房公积金	代扣房租	个人所得税	合　计
合　计							

会计主管：　　　　　　复核：　　　　　　制单：

附件 5.7.1

中国建设银行

现金支票存根

X Ⅵ 947159

附加信息

出票日期 2015年2月16日

收款人：黑龙江新乐有限责任公司	
金　额：339 476.00	
用　途：工资	

单位主管　　　　会计

附件 5.8.1

中国建设银行

转账支票存根

X Ⅵ 487216

附加信息

出票日期 2015年2月17日

收款人：黑龙江新乐有限公司工会	
金　额：5 484.00	
用　途：支付工会经费	

单位主管　　　　会计

附件 5.8.2

工会经费收入专用收据

版本号：国财01602　　　　开具日期：2015年02月20日　　　　发票号码：0000000201

缴款单位：黑龙江新乐有限责任公司			
工会经费收入项目	内　容	金　额	备　注
会费收入	2015年2月份	5 484.00	黑龙江新乐有限公司工会 2015. 2. 20 转账收讫
金额合计（大写）：伍仟肆佰捌拾肆元整			¥5 484.00

开票人：

附件 5.8.3

税收通用缴款书

隶属关系：　　　　　　　　　　　　　　　　　　№　0356497

注册类型：　　　　填发日期：2015年2月17日　　　　征收机关：动力税务局

缴款单位（人）	代　码	230117906523777	预算科目	编码	
	全　称	黑龙江新乐有限责任公司		名称	工会经费
	开户银行	建行工大支行		级次	
	账　号	32916534186123	收款国库		工行动力区支行
税款所属时期　2015年1月1-31日			税款限缴时期　2015年2月20日		

品目名称	课税数量	计税金额或销售收入	税率或单位税额	已缴或扣除额	实缴金额
工会经费					3 656.00
金额合计	（大写）叁仟陆佰伍拾陆元整				
缴款单位（人）（盖章） 经办人（章）	税务机关（章） 填票人（章）	上列款项已收妥并划转收款单位帐户。 国库（银行）盖章	备注		

（印章：黑龙江新乐有限责任公司财务专用章；乐郑印新；哈尔滨市国家税务局征税专用章；中国工商银行和兴支行 2015. 2. 17 业务清讫）

第一联（收据）国库收款盖章后退缴款单位作完税

附件 5.9.1

税收通用缴款书

隶属关系：　　　　　　　　　　　　　　　　　　　　　　№　0356497

注册类型：　　　　　　填发日期：　2015年2月17日　　　　征收机关：动力税务局

缴款单位（人）			预算科目		
	代　码	230117906523777		编码	1038201
	全　称	黑龙江新乐有限责任公司		名称	养老保险
	开户银行	建行工大支行		级次	地市100%
	账　号	32916534186123	收款国库		工行动力区支行
税款所属时期	2015年1月1-31日		税款限缴时期	2015年2月20日	

品目名称	课税数量	计税金额或销售收入	税率或单位税额	已缴或扣除额	实缴金额
养老保险					127 960.00
金额合计	（大写）壹拾贰万柒仟玖佰陆拾元整				
缴款单位（人） （盖章） 经办人（章）	税务机关 （盖章） 填票人（章）	上列款项已收妥并划转收款单位账户。 国库（银行）盖章		备注	

第一联（收据）国库收款盖章后退缴款单位作完税

附件 5.9.2

税收通用缴款书

隶属关系：　　　　　　　　　　　　　　　　　　　　　　№　0356497

注册类型：　　　　　　填发日期：　2015年2月17日　　　　征收机关：动力税务局

缴款单位（人）			预算科目		
	代　码	230117906523777		编码	1038301
	全　称	黑龙江新乐有限责任公司		名称	失业保险
	开户银行	建行工大支行		级次	地市100%
	账　号	32916534186123	收款国库		工行动力区支行
税款所属时期	2015年1月1-31日		税款限缴时期	2015年2月20日	

品目名称	课税数量	计税金额或销售收入	税率或单位税额	已缴或扣除额	实缴金额
失业保险					18 280.00
金额合计	（大写）壹万捌仟贰佰捌拾元整				
缴款单位（人） （盖章） 经办人（章）	税务机关 （盖章） 填票人（章）	上列款项已收妥并划转收款单位账户。 国库（银行）盖章		备注	

第一联（收据）国库收款盖章后退缴款单位作完税

附件 5.9.3

批准机关	黑龙江省财政厅
批准文号	黑财费【2005】7号
批准日期	2005年10月10日

黑龙江省医疗保险缴费收据

2015年2月17日　　　　财乙（12）　No 4695508

缴款单位名称	黑龙江新乐有限责任公司			单位代码：	
缴纳金额	人民币（大写）：伍万肆仟捌佰肆拾元整			¥54 840.00	
缴款项目	金额	缴纳月份	滞纳金		
险种：	医疗				
基本医疗单位缴	27 095.00				
基本医疗个人缴	27 095.00			哈尔滨市医疗保险管理中心 2015.2.17 转账付讫	
大病单位缴	325.00				哈尔滨市医疗保险管理中心
大病个人缴	325.00	201202	0.00		
公务员补助	0.00				
劳模应缴	0.00				收款人：
特诊费	0.00			收款单位盖章	
合　计	54 840.00				

二收据

附件 5.10.1

住 房 公 积 金 缴 存 回 单

2015年2月21日　　　　No：总：0090500 分：002970

缴存单位	单位全称	黑龙江新乐有限责任公司	收款单位	哈尔滨市住房公积金管理中心
	付款账号	32916534186123		801905017003745
	开户银行	建行工大支行		建行

汇（补）缴金额人民币（大写）	柒万叁仟壹佰贰拾元整		¥73 120.00	
汇（补）缴凭证号	本月实缴金额	上月暂存款余额	本月应缴金额	本月暂存款余额
1489180	73 120.00	0.00	73 120.00	0.00
单位公积金账号	201047005692			
摘要 缴纳2015年01月		上列款项以付款银行实际划转日期为准。 经办网点盖章		

附件 5.11.1

销售产品出库单

购货单位： 2015-2-23 编 号：218

产品编号	产品名称	型号规格	单位	数量	单位成本	总成本	备注
			件	130	700.00	91 000.00	职工春节福利
备 注	该产品目前市场零售价1 000元		结算方式		运输方式		

第三联 财务记录

部长： 发货： 制单：

附件 5.11.2

春节福利发放明细

2015 年 2 月 23 日

部门	人数
生产部（生产工人）	70
生产部（管理人员）	20
销售部	20
行政事业部	20
合计	130

会计主管： 制表：

附件 5.12.1

固定资产折旧计算表

2015 年 2 月 25 日

固定资产名称	使用部门	原值	月折旧率	折旧额
轿车	4 位副总裁专用	1 500 000.00	0.8%	12 000.00
合计				

会计主管： 复核： 制表：

附件 5.13.1

8273161 黑龙江省增值税专用发票 **№ 07895014**

开票日期： 2015年2月26日

购货单位	名 称：黑龙江新乐有限 纳税人识别号：230117906523777 地 址、电 话：哈尔滨市动力区28号0451-79562111 开户行及账号：建行工大支行329-1653-4186123	密码区					
货物或应税劳务名称	规格型号	单位	数量	单价	金额	税率	税额
日用品					3,888.89	17%	661.11
合 计					3,888.89		661.11
价税合计(大写)	※肆仟伍佰伍拾元整				小写 ￥4,550.00		
销货单位	名 称：哈尔滨家乐福有限公司 纳税人识别号：234567890111444 地 址、电 话：哈尔滨市香坊区53号0451-61351829 开户行及账号：工行和兴路办035-1110-62324578	备注	哈尔滨家乐福有限公司 234567890111444 发票专用章				

第二联 发票联

收款人：王苗 复核：张乐 开票人：赵开 销货单位：（章）

附件 5.13.2

职工福利用品发放明细

2015 年 2 月 26 日

部 门	人 数
生产部（生产工人）	70
生产部（管理人员）	20
销售部	20
行政事业部	20
合 计	130

会计主管：　　　　　　　　　　　　　　制表：

第六章　成本核算会计岗位实训

6.1 成本核算会计岗位职责

（1）拟定成本核算办法，制定成本费用计划，负责成本管理基础工作。

（2）核算各种生产费用和生产成本，登记有关成本明细账。

（3）编制成本费用报表并进行分析。

（4）协助管理在产品和自制半成品。

6.2 成本核算会计岗位业务流程

成本核算会计岗位业务流程如图 6.1 所示。

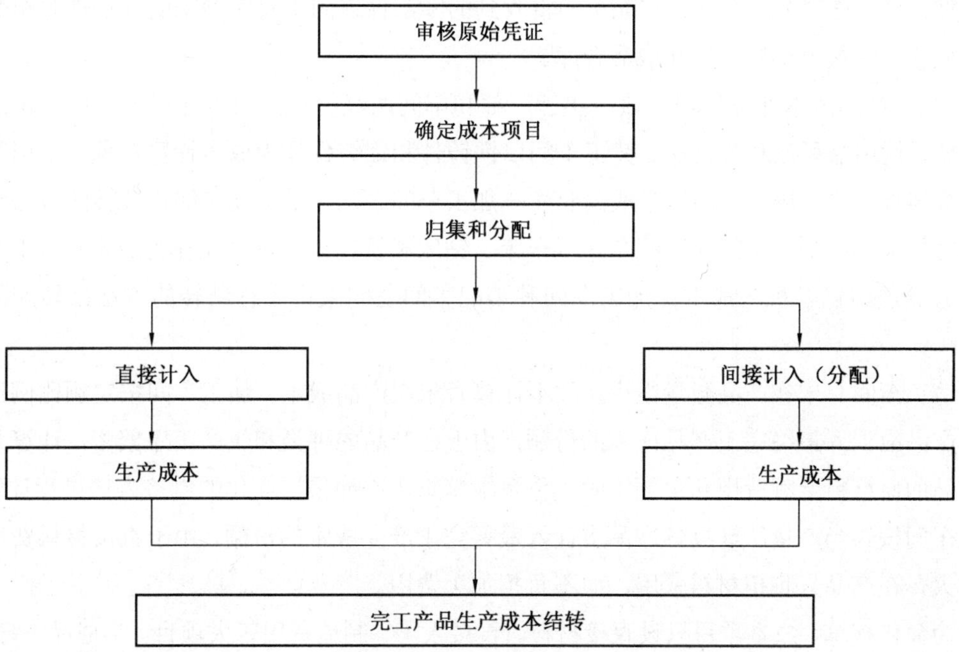

图 6.1 成本核算会计岗位业务流程图

6.3 成本核算会计岗位实训目的与要求

一、实训目的

通过本岗位的实训，使学生全面了解成本核算会计岗位的基本职责和业务流程；掌握各项要素费用、辅助生产费用以及制造费用的归集和分配方法；掌握完工产品成本的确定和结转方法；熟练掌握相关明细账户的设置与登记方法。

二、实训要求

（1）补填原始凭证。

（2）根据经济业务编制记账凭证。

（3）设立、登记生产成本、制造费用账户，并进行对账与结账。

6.4 成本核算会计岗位实训内容

一、企业基本情况

申华机械制造有限公司为单件小批生产的企业，生产过程分为铸工、加工（下设两个生产车间）和装配三个步骤，从事 CA-A 车床、Z3050 钻床和 TPX6211 铣镗床的生产。另外设有机修和供汽两个辅助生产车间。与成本核算相关的规定如下：

（1）生产工艺流程：铸工车间根据生产计划浇铸各种铁、铝铸件，经检验合格后送交自制半成品仓库；加工车间分别从仓库领用各种铸件，经不同工序加工制成各种不同的零部件，直接送交装配车间；装配车间将收到的零部件连同由仓库领来的外购件等组装成各种机床，经检验合格后送交成品仓库。

（2）产品成本计算规程：该厂实行厂部和车间两级核算，成本计算方法以分步法为主，结合运用品种法和分批法。铸工车间以铁铸件和铝铸件作为成本计算对象，采用品种法计算铸件成本；铸工车间→半成品仓库→加工车间之间，采用逐步综合结转的方法结转各种铸件成本；加工车间和装配车间以车床、钻床和铣镗床三种产品作为成本计算对象，采用分批法计算各机床成本；加工车间和装配车间之间采用平行结转的方法结转产品成本。

铸工车间月末在产品数量很少，故不计算月末在产品成本。加工车间按定额比例法计算各产品应计入最终完工产品成本的份额，由于在产品的种类和生产工序繁多，计算月末在产品的原材料定额费用和定额工时工作量很繁重，因而采用简化的倒挤方法进行计算。装配车间按约当产量法计算各产品应计入最终完工产品成本的份额，由于直接材料费用数额较大，在产品只负担材料费用，而不负担加工费用。

为简化核算，成本项目只设直接材料、直接人工、制造费用三大项目。半成品（铸件）按实际成本计价，发出半成品成本采用月末一次加权平均法。

（3）各项间接费用分配方法：外购水电费按耗用数量比例分配；辅助生产费用按计划成本分配方法分配，成本差异计入管理费用；铸工车间间接材料费用按铸件重量比例分配；装配车间间接材料费用按各产品本期直接材料实际费用比例分配；基本生产车间其他间接费用均按各产品实用工时比例分配。

（4）各项间接费用分配标准：铸工车间铸件重量——铁铸件 42 850 千克，铝铸件 2 950 千克。其他分配标准在业务中提供。

2015 年 10 月份有关成本资料如表 6.1、表 6.2、表 6.3、表 6.4 所示。

表 6.1 生产工时情况统计表

2015 年 10 月

铸件名称	铸工车间	车间别 产品名称	加工（1）车间	加工（2）车间	装配车间
铁铸件	7820	CA-A 车床	4450	3900	2700
铝铸件	3680	Z3050 钻床	2180	1640	2140
合计	11500	TPX6211 铣镗床	1870	7360	1860
		合计	8500	12900	6700

主管：　　　　　　　　审核：　　　　　　　　制表：

表 6.2 装配车间在产品数量及投料程序表

2015 年 10 月

产品名称	计量单位	月初在产品	本月投入	本月完工	月末在产品	投料程度
CA-A 车床	台	1	4	4	1	95%
Z3050 钻床	台	2	4	4	2	90%
TPX6211 铣镗床	台	1	3	3	1	95%

主管：　　　　　　　　审核：　　　　　　　　制表：

表 6.3 加工车间各产品有关定额资料

2015 年 10 月

车间份额		月初在产品		本月投入		完工产品车间份额				
		定额直接材料	定额工时	定额直接材料费用	定额工时	单位定额		产量（台）	定额直接材料费用	定额工时
						直接材料	工时			
加工(Ⅰ)车间	CA-A 车床	64 750	3 640	45 250	2 140	19 562.5	1 130	4	78 250	4 520
	Z3050 钻床	21 240	600	102 760	2 800	20 712.5	550	4	82 850	2 200
	TPX6211 铣镗床	35 450	1 240	36 750	1 310	18 050	630	3	54 150	1 890
	合　计	121 440	5 480	184 760	6 250				215 250	8 610
加工(Ⅱ)车间	CA-A 车床	110 245	3 750	72 075	2 650	35 070	980	4	140 280	3 920
	Z3050 钻床	18 340	720	81 260	2 160	15 362.5	420	4	61 450	1 680
	TPX6211 铣镗床	32 370	1 260	34 130	1 320	16 250	620	3	48 750	1 860
	合　计	160 955	5 730	187 465	6 130				250 480	7 460

表 6.4　10 月初在产品成本表

车间及产品		直接材料	直接人工	制造费用	合　计
加工(Ⅰ)车间	CA-A 车床	80 486.64	20 382.97	15 022.00	115 891.61
	Z3050 钻床	87 495.74	11 523.39	9 349.20	108 368.33
	TPX6211 铣镗床	59 462.42	11 277.57	11 872.80	82 612.79
	小　计	227 444.80	43 183.93	36 244.00	306 872.73
加工(Ⅱ)车间	CA-A 车床	132 480.66	21 247.78	23 870.00	177 598.44
	Z3050 钻床	81 237.29	11 821.53	13 316.00	106 374.82
	TPX6211 铣镗床	42 798.45	6 884.9	5 836.00	55 519.35
	小　计	256 516.40	39 954.21	43 022.00	339 492.61
装配车间	CA-A 车床	42 943.00	—		42 943.00
	Z3050 钻床	20 383.08	—		20 383.08
	TPX6211 铣镗床	15 534.57	—		15 534.57
	小　计	78 860.65			78 860.65
合　计		562 821.85	83 138.14	79 266.00	725 225.99

二、实训资料

附件 6.1.1

<u>发料凭证汇总表（一）</u>

2015 年 10 月

应借账户 \ 应贷账户			原材料：原料及主要材料 计划成本	原料及主要材料 成本差异(差异率 2%)	辅助材料 间接材料计划成本	辅助材料 直接材料计划成本	辅助材料 计划成本小计	辅助材料 成本差异	外购半成品 计划成本	外购半成品 成本差异	修理用备件 计划成本	修理用备件 成本差异	燃料 间接材料计划成本	燃料 直接材料计划成本	燃料 计划成本小计	燃料 成本差异	合计 计划成本	合计 成本差异
基本生产	铸工车间	铁铸件	12 900	258		1 500	1500	-15										
		铝铸件	30 000	600		500	500	-5										
		小计	42 900	858		2 000	2000	-20					4 580		4 580	137.40		
	加工（Ⅰ）车间	CA-A 车床	25 600	512														
		Z3050 钻床	19 950	399														
		TPX6211 铣镗床	8 450	169														
		小计	54 000	1 080														
	加工（Ⅱ）车间	CA-A 车床	24 800	496														
		Z3050 钻床	20 600	412														
		TPX6211 铣镗床	9 800	196														
		小计	55 200	1 104														
	装配车间	CA-A 车床							69 850	-1 397								
		Z3050 钻床							32 560	-651.20								
		TPX6211 铣镗床							26 840	-536.80								
		小计			3 838.33		3 838.33	-38.38	129 250	-2 585								
	合计		152 100	3 042	3 838.33	2 000	5 838.33	-58.38	129 250	-2 585			4 580		4 580	137.40		
辅助生产	机修车间		1 690	33.80							387.10	3.87						
	供汽车间					500	500	-5						6 018	6 018	180.54		
	合计		1 690	33.80		500	500	-5			387.10	3.87		6 018	6 018	180.54		
总计			153 790	3 075.80	3 838.33	2 500	6 338.33	-63.38	129 250	-2 585	387.10	3.87	4 580	6 018	10 598	317.94	300 363.43	749.23

主管：　　　　审核：　　　　制表：

附件 6.1.2

发料凭证汇总表(二)

2015 年 10 月

应贷账户 / 应借账户		原材料（辅助材料）		低值易耗品（劳保用品）		合　计	
		计划成本	成本差异（差异率 −1%）	计划成本	成本差异（差异率 1%）	计划成本	成本差异
制造费用	铸工车间	260.00	−2.60	26.59	0.27	286.59	−2.33
	加工（Ⅰ）车间	200.00	−2	77.52	0.78	277.52	−1.22
	加工（Ⅱ）车间	250.00	−2.50	64.90	0.65	314.90	−1.85
	装配车间	200.00	−2	52.45	0.52	252.45	−1.48
	机修车间	400.00	−4	21.95	0.22	421.95	−3.78
	供汽车间	250.00	−2.50	18.80	0.19	268.80	−2.31
	小计	1 560.00	−15.60	262.21	2.63	1 822.21	−12.97
管理部门		200.00	−2	40.00	0.40	240	−1.60
合　计		1 760.00	−17.60	302.21	3.03	2 062.21	−14.57

主管：　　　　审核：　　　　制表：

附件 6.1.3

基本生产车间间接材料费用分配表

车间：　　　　2015 年 10 月

分配对象	分配标准	分配率	分配金额

主管：　　　　审核：　　　　制表：

附件 6.1.4

基本生产车间间接材料费用分配表

车间：　　　　　　　　　　　2015 年 10 月

分配对象	分配标准	分配率	分配金额

主管：　　　　　　　　审核：　　　　　　　　制表：

附件 6.2.1

固定资产折旧计算表

2015 年 10 月　　　　　　　　单位：元

使用单位和固定资产类别		上月已提折旧额	上月增加的固定资产应计提的折旧额	上月减少的固定资产应计提的折旧额	本月应计提折旧额
铸工车间	厂房	1 202.32	160.00		
	机器设备	1 239.28	400.00	640.00	
	小计	2 441.60	560.00	640.00	
加工（Ⅰ）车间		4 510.99		1 000.00	
加工（Ⅱ）车间		4 004.94	140.00		
装配车间		2 781.52			
机修车间		2 034.11			
供汽车间		1 622.77			
公司管理部门		5 550.38			
合　计		22 946.31	700.00	1 640.00	

主管：　　　　　　　　审核：　　　　　　　　制表：

附件 6.3.1

外购水费分配表

2015 年 10 月

车间、部门		用水数量（吨）	分配金额（分配率：　　）
生产车间	铸工车间	2 100	
	加工（Ⅰ）车间	1 800	
	加工（Ⅱ）车间	1 950	
	装配车间	2 050	
	机修车间	1 200	
	供汽车间	1 350	
公司管理部门		2 850	
合计		13 300	7 980

主管：　　　　　　　　　　　　审核：　　　　　　　　　　　　制表：

附件 6.4.1

工资及奖金汇总表

2015 年 10 月

车间或部门		生产工人			管理人员			合计		
		工资	奖金	小计	工资	奖金	小计	工资	奖金	工资及奖金
生产车间	铸工车间	11 436.00	1 601.04	13 037.04	1 540.00	215.60	1 755.60			
	加工（Ⅰ）车间	9 428.57	1 320.00	10 748.57	1 370.00	191.80	1 561.80			
	加工（Ⅱ）车间	9 842.80	1 377.99	11 220.79	1 150.00	161.00	1 311.00			
	装配车间	6 534.50	914.83	7 449.33	794.00	111.16	905.16			
	机修车间	5 218.40	730.58	5 948.98	325.00	45.50	370.50			
	供汽车间	4 765.20	667.13	5 432.33	480.00	67.20	547.20			
	小计	47 225.47	6 611.57	53 837.04	5 659.00	792.26	6 451.26			
管理部门		—	—	—	13 540.00	1 895.60	15 435.60			
合　计		47 225.47	6 611.57	53 837.04	19 199.00	2 687.86	21 886.86			

主管：　　　　　　　　　　　　审核：　　　　　　　　　　　　制表：

附件 6.4.2

外购电费分配表

2015 年 10 月

车间、部门		动力用电		照明用电	
		用电度数	分配金额（分配率：　）	用电度数	分配金额（分配率：　）
生产车间	铸工车间	10 420		4 500	
	加工（Ⅰ）车间	15 340		4 700	
	加工（Ⅱ）车间	14 810		4 800	
	装配车间	11 230		4 400	
	机修车间	4 870		3 100	
	供汽车间	7 300		3 050	
公司管理部门		—		23 950	
合计		63 970	11 514.6	48 500	12 610

主管：　　　　审核：　　　　制表：

附件 6.4.3

辅助生产供应劳务数量汇总表

2015 年 10 月

耗用单位	劳务项目		备注
	汽（吨）	修理（工时）	
供汽车间：一般消耗		190	计划单位成本： 汽 4.50 元/吨 修理 2.40 元/工时
机修车间：一般消耗	130		
铸工车间：产品消耗	1 020		
一般耗用	440	1 200	
加工（I）车间：产品耗用	1 020		
一般耗用	440	1 140	
加工（II）车间：产品消耗	980		
一般耗用	450	1 260	
装配车间：产品消耗	1 000		
一般耗用	420	1 170	
公司管理部门	350	2 580	
小计	6 250	7 540	

主管：　　　　审核：　　　　制表：

附件 6.4.4

基本生产车间加工费用分配表

车间：　　　　　　　　　　　　2015 年 10 月

分配对象（产品名称）	分配标准（实用工时）	间接加工费		
		动力费（分配率：　）	蒸汽费（分配率：　）	工资费用（分配率：　）
合计				

主管：　　　　　　　　审核：　　　　　　　　制表：

附件 6.4.5

基本生产车间加工费用分配表

车间：　　　　　　　　　　　　2015 年 10 月

分配对象（产品名称）	分配标准（实用工时）	间接加工费		
		动力费（分配率：　）	蒸汽费（分配率：　）	工资费用（分配率：　）
合计				

主管：　　　　　　　　审核：　　　　　　　　制表：

附件 6.4.6

基本生产车间加工费用分配表

车间：　　　　　　　　　　　　　2015 年 10 月

<table>
<tr><td rowspan="2">分配对象
（产品名称）</td><td rowspan="2">分配标准
（实用工时）</td><td colspan="3">间接加工费</td></tr>
<tr><td>动力费
（分配率：　）</td><td>蒸汽费
（分配率：　）</td><td>工资费用
（分配率：　）</td></tr>
<tr><td></td><td></td><td></td><td></td><td></td></tr>
<tr><td></td><td></td><td></td><td></td><td></td></tr>
<tr><td></td><td></td><td></td><td></td><td></td></tr>
<tr><td>合计</td><td></td><td></td><td></td><td></td></tr>
</table>

主管：　　　　　　　　审核：　　　　　　　　制表：

附件 6.4.7

基本生产车间加工费用分配表

车间：　　　　　　　　　　　　　2015 年 10 月

<table>
<tr><td rowspan="2">分配对象
（产品名称）</td><td rowspan="2">分配标准
（实用工时）</td><td colspan="3">间接加工费</td></tr>
<tr><td>动力费
（分配率：　）</td><td>蒸汽费
（分配率：　）</td><td>工资费用
（分配率：　）</td></tr>
<tr><td></td><td></td><td></td><td></td><td></td></tr>
<tr><td></td><td></td><td></td><td></td><td></td></tr>
<tr><td></td><td></td><td></td><td></td><td></td></tr>
<tr><td>合计</td><td></td><td></td><td></td><td></td></tr>
</table>

主管：　　　　　　　　审核：　　　　　　　　制表：

附件 6.4.8

辅助生产费用分配表

（计划成本分配法）

辅助生产车间名称			供气车间	机修车间	合计
待分配费用			28 089.00	17 161.00	45 250.00
供应劳务数量					
计划单位成本					
辅助生产	供气	耗用数量			
		分配金额			
	机修	耗用数量			
		分配金额			
基本生产车间产品耗用	铸工车间	耗用数量			
		分配金额			
	加工（Ⅰ）车间	耗用数量			
		分配金额			
	加工（Ⅱ）车间	耗用数量			
		分配金额			
	装配车间	耗用数量			
		分配金额			
基本生产车间一般耗用	铸工车间	耗用数量			
		分配金额			
	加工（Ⅰ）车间	耗用数量			
		分配金额			
	加工（Ⅱ）车间	耗用数量			
		分配金额			
	装配车间	耗用数量			
		分配金额			
公司管理部门		耗用数量			
		分配金额			
按计划成本分配金额合计					
辅助生产实际成本					
辅助生产成本差异					

主管：　　　　审核：　　　　制表：

附件 6.5.1

铸工车间制造费用明细账

月	日	办公费	工资	奖金	消耗材料	折旧费	修理费	照明费	水费	汽费	其他	合计	转出	余额
5	31	850					2 880				338.54	12 880	12 880	0

附件 6.5.2

加工（I）车间制造费用明细账

月	日	办公费	工资	奖金	消耗材料	折旧费	修理费	照明费	水费	汽费	其他	合计	转出	余额
5	31	440					2 736				452.91	13 260	13 260	0

附件 6.5.3

加工（II）车间制造费用明细账

月	日	办公费	工资	奖金	消耗材料	折旧费	修理费	照明费	水费	汽费	其他	合计	转出	余额
5	31	420					3 024				534.01	14 190	14 190	0

附件 6.5.4

装配车间制造费用明细账

月	日	办公费	工资	奖金	消耗材料	折旧费	修理费	照明费	水费	汽费	其他	合计	转出	余额
5	31	560					2 808				155.35	11 725	11 725	0

附件 6.5.5

制造费用分配表

车间：　　　　　　　　　　2015 年 10 月

分配对象（产品名称）	分配标准（实用工时）	分配率	分配金额
合计			

主管：　　　　　　　　审核：　　　　　　　　制表：

附件 6.5.6

制造费用分配表

车间：　　　　　　　　　　2015 年 10 月

分配对象（产品名称）	分配标准（实用工时）	分配率	分配金额
合计			

主管：　　　　　　　　审核：　　　　　　　　制表：

附件 6.5.7

制造费用分配表

车间：　　　　　　　　　　　　2015 年 10 月

分配对象（产品名称）	分配标准（实用工时）	分配率	分配金额
合计			

主管：　　　　　　　　　　　　审核：　　　　　　　　　　　　制表：

附件 6.5.8

制造费用分配表

车间：　　　　　　　　　　　　2015 年 10 月

分配对象（产品名称）	分配标准（实用工时）	分配率	分配金额
合计			

主管：　　　　　　　　　　　　审核：　　　　　　　　　　　　制表：

附件 6.6.1

铸工车间成本计算表

铸件名称： 2015 年 10 月 产量：

项目		直接材料	直接人工	制造费用	合计
月初在产品成本					
本月生产费用					
生产费用累计					
完工铸件	总成本				
	单位成本				
月末在产品成本					

主管： 审核： 制表：

附件 6.6.2

铸工车间成本计算表

铸件名称： 2015 年 10 月 产量：

项目		直接材料	直接人工	制造费用	合计
月初在产品成本					
本月生产费用					
生产费用累计					
完工铸件	总成本				
	单位成本				
月末在产品成本					

主管： 审核： 制表：

附件 6.6.3

完工铸件成本汇总表

2015 年 10 月

铸件名称	计量单位	数量	直接材料	直接人工	制造费用	合计
合计						

主管： 审核： 制表：

附件 6.7.1

半成本（铸件）发出汇总表

2015 年 10 月

领用单位	产品名称	铁铸件			铝铸件			合计
		数量	单位	总成本	数量	单位	总成本	
加工（I）车间	车床	6 000		5 778	500		6 975	12 753
	钻床	5 000		4 815	500		6 975	11 790
	铣镗床	2 000		1 926	300		4 185	6 111
	小计	13 000	0.963	12 519	1 300	13.95	18 135	30 654
加工(II）车间	车床	70 00		6 741	600		8 370	15 111
	钻床	5 000		4 815	400		5 580	10 395
	铣镗床	3 000		2 889	200		2 790	5 679
	小计	15 000	0.963	14 445	1 200	13.95	16 740	31 185
合计		28 000		26 964	2 500		34 875	61 839

主管：　　　　　　　　审核：　　　　　　　　制表：

附件 6.8.1

加工车间成本计算表

车间：　　　　　　　　2015 年 10 月　　　　　　　　产品：

项目	直接材料		定额工时	直接人工	制造费用	合计
	定额	实际				
月初在产品成本						
本月生产费用						
生产费用累计						
费用分配率						
计入产成品成本份额						
月末在产品成本						

主管：　　　　　　　　审核：　　　　　　　　制表：

附件 6.8.2

加工车间成本计算表

车间：　　　　　　　　　　　　2015 年 10 月　　　　　　　　　　　　产品：

项目	直接材料		定额工时	直接人工	制造费用	合计
	定额	实际				
月初在产品成本						
本月生产费用						
生产费用累计						
费用分配率						
计入产成品成本份额						
月末在产品成本						

主管：　　　　　　　　　　审核：　　　　　　　　　　制表：

附件 6.8.3

加工车间成本计算表

车间：　　　　　　　　　　　　2015 年 10 月　　　　　　　　　　　　产品：

项目	直接材料		定额工时	直接人工	制造费用	合计
	定额	实际				
月初在产品成本						
本月生产费用						
生产费用累计						
费用分配率						
计入产成品成本份额						
月末在产品成本						

主管：　　　　　　　　　　审核：　　　　　　　　　　制表：

附件 6.8.4

加工车间计入产成品成本份额汇总表

车间名称：　　　　2015 年 10 月　　　　单位：元

产品名称	成本项目			
	直接材料	直接人工	制造费用	合计
合计				

主管：　　　　审核：　　　　制表：

附件 6.8.5

加工车间成本计算表

车间：　　　　2015 年 10 月　　　　产品：

项目	直接材料		定额工时	直接人工	制造费用	合计
	定额	实际				
月初在产品成本						
本月生产费用						
生产费用累计						
费用分配率						
计入产成品成本份额						
月末在产品成本						

主管：　　　　审核：　　　　制表：

附件 6.8.6

加工车间成本计算表

车间：　　　　　　　　　　　　2015 年 10 月　　　　　　　　　　　　产品：

项目	直接材料		定额工时	直接人工	制造费用	合计
	定额	实际				
月初在产品成本						
本月生产费用						
生产费用累计						
费用分配率						
计入产成品成本份额						
月末在产品成本						

主管：　　　　　　　　　　审核：　　　　　　　　　　制表：

附件 6.8.7

加工车间成本计算表

车间：　　　　　　　　　　　　2015 年 10 月　　　　　　　　　　　　产品：

项目	直接材料		定额工时	直接人工	制造费用	合计
	定额	实际				
月初在产品成本						
本月生产费用						
生产费用累计						
费用分配率						
计入产成品成本份额						
月末在产品成本						

主管：　　　　　　　　　　审核：　　　　　　　　　　制表：

附件 6.8.8

加工车间计入产成品成本份额汇总表

车间名称：　　　　　　　　　　　　2015 年 10 月　　　　　　　　　　　　单位：元

产品名称	成本项目			
	直接材料	直接人工	制造费用	合计
合计				

主管：　　　　　　　　　　审核：　　　　　　　　　　制表：

附件 6.8.9

装配车间成本计算表

产品：　　　　　　　　　　　　2015 年 10 月　　　　　　　　　　　　产量：

项目	直接材料	直接人工	制造费用	合计
月初在产品成本				
本月生产费用				
生产费用累计				
费用分配率				
计入产成品成本份额				
月末在产品成本				

主管：　　　　　　　　　　审核：　　　　　　　　　　制表：

附件 6.8.10

装配车间成本计算表

产品：　　　　　　　　　　2015 年 10 月　　　　　　　　　　产量：

项目	直接材料	直接人工	制造费用	合计
月初在产品成本				
本月生产费用				
生产费用累计				
费用分配率				
计入产成品成本份额				
月末在产品成本				

主管：　　　　　　　　审核：　　　　　　　　制表：

附件 6.8.11

装配车间成本计算表

产品：　　　　　　　　　　2015 年 10 月　　　　　　　　　　产量：

项目	直接材料	直接人工	制造费用	合计
月初在产品成本				
本月生产费用				
生产费用累计				
费用分配率				
计入产成品成本份额				
月末在产品成本				

主管：　　　　　　　　审核：　　　　　　　　制表：

附件 6.8.12

装配车间计入产成品成本份额汇总表

车间名称：　　　　2015 年 10 月　　　　单位：元

产品名称	成本项目			
	直接材料	直接人工	制造费用	合计
合计				

主管：　　　　审核：　　　　制表：

附件 6.8.13

产成品成本汇总表

产品：　　　　2015 年 10 月　　　　产量：

项目	直接材料	直接人工	制造费用	合计
加工（Ⅰ）车间				
加工（Ⅱ）车间				
装配车间				
总成本				
单位成本				

主管：　　　　审核：　　　　制表：

附件 6.8.14

产成品成本汇总表

产品： 2015 年 10 月 产量：

项目	直接材料	直接人工	制造费用	合计
加工（Ⅰ）车间				
加工（Ⅱ）车间				
装配车间				
总成本				
单位成本				

主管： 审核： 制表：

附件 6.8.15

产成品成本汇总表

产品： 2015 年 10 月 产量：

项目	直接材料	直接人工	制造费用	合计
加工（Ⅰ）车间				
加工（Ⅱ）车间				
装配车间				
总成本				
单位成本				

主管： 审核： 制表：

附件 6.8.16

产成品入库单

交库单位：装配车间　　　　2015 年 10 月 31 日　　　　单号：01234

产品名称	型号规格	单位	数量	检验结果		实收数量	金额
				合格	不合格		
车床	CA-A	台	4	4		4	
钻床	Z3050	台	4	4		4	
铣镗床	TPX6211	台	3	3		3	

车间主任：　　　　检验：　　　　仓库验收：

附件 6.8.17

产成品入库汇总表

2015 年 10 月　　　　单位：元

产品名称	型号规格	计量单位	数量	单位成本	总成本

主管：　　　　审核：　　　　制表：

第七章　财务成果核算会计岗位实训

7.1 财务成果核算会计岗位职责

（1）参与企业的收入、费用、利润计划的制订，并监督执行。

（2）正确确认、计量收入和费用，进行营业收入、营业成本、营业税金及附加、期间费用、其他各项收支、利润及利润分配的核算，并登记有关明细账。

（3）编制收入、费用、利润报表，进行收入、费用、利润的分析和考核。

7.2 财务成果核算会计岗位业务流程

财务成果核算会计岗位业务流程如图 7.1 所示。

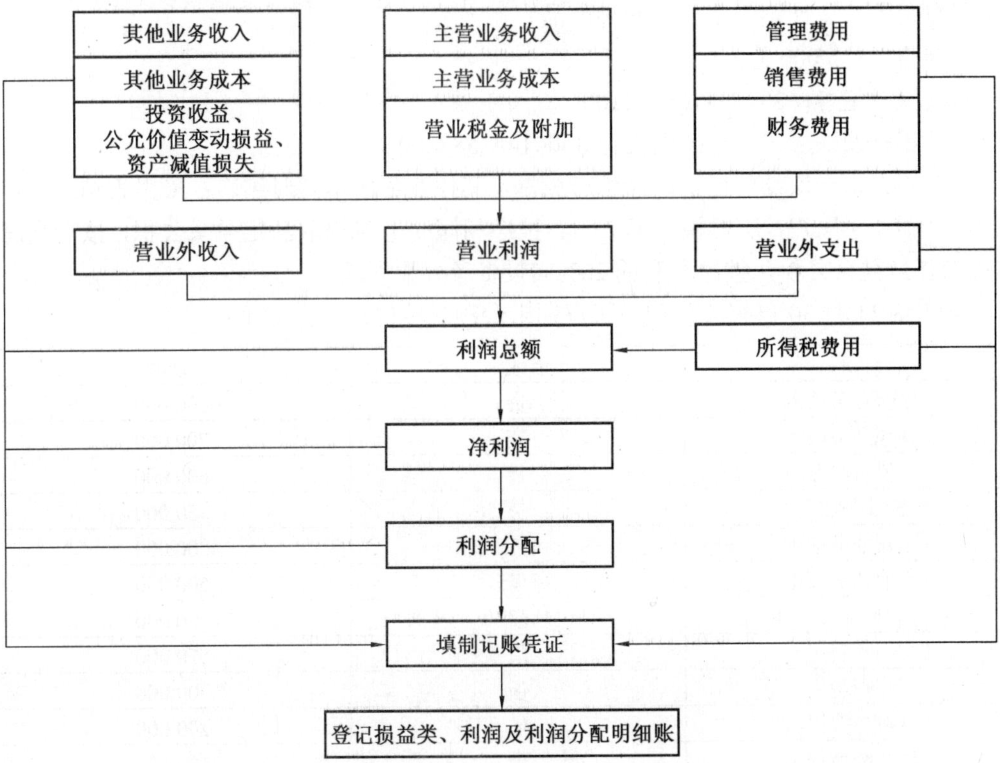

图 7.1 财务成果核算会计岗位业务流程图

7.3 财务成果核算会计岗位实训目的与要求

一、实训目的

通过本岗位的实训，使学生全面了解财务成果核算会计岗位的基本职责和业务流程；掌握各种不同销售方式下收入的确认、计量；掌握销售成本、销售税金、期间费用的核算方法；掌握利润形成及分配的程序及核算方法；熟练掌握相关明细账户的设置与登记方法。

二、实训要求

（1）补填原始凭证（附件 7.22.1、附件 7.23.1、附件 7.24.1、附件 7.24.2、附件 7.25.1、附件 7.26.1、附件 7.27.1、附件 7.27.2）。

（2）根据经济业务编制记账凭证。

（3）设立、登记损益类账户、本年利润及利润分配账户，并进行对账与结账。

7.4 财务成果核算会计岗位实训内容

一、企业基本情况

企业名称：黑龙江科发有限责任公司

地址：哈尔滨市开发区 101 号

电话：85976543

经营范围：生产销售甲、乙两种产品

注册资金：5 000 万元

纳税人登记号：234598765432100

开户银行及账号：工行开发支行 34001472583690

该公司月末一次结转已销产品生产成本，其他业务成本随时结转；采用表结法，年末一次结转损益类账户，所得税税率 25%；按净利润的 10%提取法定盈余公积，按净利润的 5%提取任意盈余公积，按净利润的 20%向投资者分配利润。

2015 年 11 月 30 日有关损益类账户期末余额（单位：元）如下：

会计科目	借或贷	余额
主营业务收入	贷	6500 000
其他业务收入	贷	700 000
投资收益	贷	600 000
营业外收入	贷	50 000
主营业务成本	借	4200 000
其他业务成本	借	500 000
营业税金及附加	借	80 000
销售费用	借	570 000
管理费用	借	700 000
财务费用	借	200 000
资产减值损失	借	100 000
营业外支出	借	200 000

二、实训资料

附件 7.1.1

中国工商银行

转账支票存根

X Ⅵ 710642

附加信息

出票日期 2015年12月2日

收款人：众和广告公司	
金　额：5 300.00	
用　途：广告费	

单位主管　　　　会计

附件 7.1.2

352117086　　**黑龙江省增值税专用发票**　　**№ 08150357**

发票联

开票日期：　2015年12月2日

购货单位	名　　称：黑龙江科发有限责				密码区		
	纳税人识别号：234598765432100						
	地 址、电 话：哈尔滨市开发区101号0451-85976543						
	开户行及账号：工行开发支行34001472583690						
货物或应税劳务名称	规格型号	单位	数量	单价	金额	税率	税额
广告费					5,000.00	6%	300.00
合　计					5,000.00		300.00
价税合计(大写)	※伍仟叁佰元整				（小写）￥5,300.00		
销货单位	名　　称：哈尔滨众和广告公司				备注	哈尔滨众和广告公司 230101681494337 发票专用章	
	纳税人识别号：230101681494337						
	地 址、电 话：哈尔滨市南岗区65号0451-86138259						
	开户行及账号：工行和兴路办035-1211-20956219						

第二联 发票联

收款人：刘立　　复核：张红　　开票人：陈广　　　　销货单位：（章）

附件 7.2.1

说　明

本公司于 2015 年 10 月 26 日销售给哈尔滨华泰公司的甲产品 10 件，由于质量问题被退回，现开具红字增值税专用发票，并支付退货款。

会计主管：　　　　　　　　　　　　　　　　　　　　会计：

2015 年 12 月 3 日

附件 7.2.2

开具红字增值税专用发票通知单

填开日期：2015年12月03日　　　　　　No15000786912125

销售方	名　称	黑龙江科发有限责任公司	购买方	名称	哈尔滨华泰公司
	税务登记代码	234598765432100		税务登记代码	230109556722157

开具红字专用发票内容	货物（劳务）名称	数量	单价	金额	税率	税额
	甲产品	10	2 500.00	-25 000.00	17%	-4 250.00
	合　计			-25 000.00		-4 250.00

说明

一、购买方申请☑

对应蓝字专用发票抵扣增值税销项税额情况：

1. 需要作进项税额转出☑

2. 不需要作进项税额转出□

（1）无法认证□

（2）纳税人识别号认证不符□

（3）增值税专用发票代码、号码认证不符□

（4）所购货物不属于增值税扣税项目范围□

对应蓝字专用发票密码区内打印的代码：________

号码：________

二、销售方申请□

（1）因开票有误购买方拒收的□

（2）因开票有误等原因尚未交付的□

对应蓝字专用发票密码区内打印的代码：________

号码：________

开具红字专用发票理由：因质量问题退回

经办人：　　　　　负责人：　　　　　主管税务机关名称（印章）：

注：（1）本通知单一式三联：第一联，申请方主管税务机关留存；第二联，申请方送交对方留存；第三联，申请方留存。

（2）通知单应与申请单一一对应。

附件 7.2.3

23027185 黑龙江省增值税专用发票 **№ 64539712**

开票日期: 2015年12月3日

购货单位	名　　称：华泰公司 纳税人识别号：230823052728913 地 址、电 话：哈尔滨市长江路8号0451-81563124 开户行及账号：中行长江支行3841681976				密码区			
货物或应税劳务名称	规格型号	单位	数量	单价	金额	税率	税额	
甲产品		件	10	2 500	-25 000.00	17%	-4 250.00	
合　计					-25 000.00		-4 250.00	
价税合计(大写)	※贰万玖仟贰佰伍拾元整				小写	￥-29 250.00		
销货单位	名　　称：黑龙江科发有限责任公司 纳税人识别号：234598765432100 地 址、电 话：哈尔滨市开发区101号 开户行及账号：工行开发支行34001472583690				备注	黑龙江科发有限责任公司 234598765432100 发票专用章		

第四联 记账联

收款人：　　复核：　　开票人：　　销货单位：（章）

附件 7.2.4

销售产品出库单

购货单位：华泰公司　　2015-12-3　　编　号：386

产品编号	产品名称	型号规格	单位	数量	单位成本	总成本	备注
	甲产品		件	-10	1 500.00	-15 000.00	因质量问题退货
备　注			结算方式		运输方式		

第三联 财务记录

部长：　　发货：　　制单：

附件 7.2.5

中国工商银行

转账支票存根

X Ⅵ 710643

附加信息

出票日期 2015年12月3日

收款人：华泰公司	
金　额：29 250.00	
用　途：商品退货款	

单位主管　　　　　会计

附件 7.3.1

销售产品出库单

购货单位：永安公司　　　　2015-12-4　　　　编　号：387

产品编号	产品名称	型号规格	单位	数量	单位成本	总成本	备注
	乙产品		件	40	8 000.00	320 000.00	委托代销
备　注				结算方式		运输方式	发运

第三联 财务记录

部长：　　　　发货：　　　　制单：

附件 7.3.2

委托代销协议

委销字 001 号

（一）黑龙江科发有限责任公司（甲方）委托 永安有限公司（乙方）代销以下商品：

商品名称：乙产品　　单位：件　　代销数量：40

（二）上列代销价格按以下办法执行：12 000 元/件

（三）商品包装应按运输部门规定办理，否则运输途中损失由甲方负责。如因不符运输要求，乙方代为改装及加固，其费用由甲方负责。

（四）交货地点：由甲方发运至乙方单位。

（五）代销商品发货数量必须根据乙方通知。

（六）手续费收取与结算按下列办法：按销货款总额（不含增值税）5 %收取手续费（不含税）；乙方将全部商品销售后一次进行货款结算，待甲方收到货款后，即给乙方结算手续费。

（七）甲方代销商品应与样品相符，保质保量，代销数量、规格、价格，有效期内如有变更，甲方必须及时通知乙方，通知到达前，已由乙方签出的合同，应照旧履行。如因质量或供应脱节而造成的损失和费用（包括手续费），均由甲方负责。

（八）本协议一式 3 份，甲方 1 份，乙方 1 份，鉴证机关 1 份，自签订日起生效，有效期 6 个月。

甲方（公章）：

法定代表人：李强

开户银行：工行开发支行

账号：34001472583690

乙方（公章）：

法定代表人：王刚

开户银行：建行永安支行

账号：2159872

2015 年 12 月 4 日

附件 7.4.1

中国工商银行

转账支票存根

X Ⅵ 710645

附加信息____________

出票日期 2015年12月5日

收款人：正大会计公司	
金　额：2 289.60	
用　途：培训费	

单位主管　　　　会计

附件 7.4.2

142115563　　黑龙江省增值税专用发票　　**№ 01753672**

开票日期：　2015年12月5日

购货单位	名　　称：黑龙江科发有限责				密码区			
	纳税人识别号：234598765432100							
	地 址、电 话：哈尔滨市开发区101号0451-85976543							
	开户行及账号：工行开发支行34001472583690							
货物或应税劳务名称		规格型号	单位	数量	单价	金额	税率	税额
培训费						2,160.00	6%	129.60
合　计						2,160.00		129.60
价税合计(大写)	※贰仟贰佰捌拾玖元整					(小写) ¥2,289.60		
销货单位	名　　称：哈尔滨正大会计公司				备注	哈尔滨正大会计公司 230101491453876 发票专用章		
	纳税人识别号：230101491453876							
	地 址、电 话：哈尔滨市道理区11号0451-61382591							
	开户行及账号：工行友谊路办035-5211-9561945							

第二联　发票联

收款人：孙立　　复核：李红　　开票人：杨广　　　　销货单位：（章）

附件 7.5.1

23027185　黑龙江省增值税专用发票　№ 64539713

记账联

开票日期：2015年12月6日

购货单位		密码区	
名　　称：	宏远公司		
纳税人识别号：	230729325819537		
地 址、电 话：	哈尔滨市江南路20号		
开户行及账号：	建行江南支行4156987926		

货物或应税劳务名称	规格型号	单位	数量	单价	金额	税率	税额
乙产品		件	80	12 000.00	960 000.00	17%	163 200.00
合　计					960 000.00		163 200.00
价税合计(大写)	※壹佰壹拾贰万叁仟贰佰元整				小写	¥1 123 200.00	

销货单位		备注
名　　称：	黑龙江科发有限责任公司	结算条件：2/10,1/20，n/30
纳税人识别号：	234598765432100	
地 址、电 话：	哈尔滨市开发区101号	
开户行及账号：	工行开发支行34001472583690	

收款人：　　复核：　　开票人：　　销货单位：（章）

第四联　记账联

附件 7.5.2

销售产品出库单

购货单位：宏远公司　　2015-12-6　　编　号：388

产品编号	产品名称	型号规格	单位	数量	单位成本	总成本	备注
	乙产品		件	80	8 000.00	640 000.00	
备　注				结算方式		运输方式	自提

部长：　　发货：　　制单：

第三联　财务记录

附件 7.6.1

中国工商银行 进账单（收账通知）

2015年 12 月 7 日

出票人	全称	亿洋公司	收款人	全称	黑龙江科发有限责任公司
	账号	4156286		账号	34001472583690
	开户银行	交行东江支行		开户银行	工行开发支行
金额	人民币（大写）	贰拾陆万玖仟壹佰元整			亿 千 百 十 万 千 百 十 元 角 分 ¥ 2 6 9 1 0 0 0 0
票据种类	转账支票	票据张数	1张		中国工商银行 开发支行 2015. 12. 7 业务清讫 收款人开户银行签章
票据号码					
复核		记账			

此联是收款人的收账通知

附件 7.6.2

23027185 黑龙江省增值税专用发票 **№ 64539714**

记账联

开票日期： 2015年12月7日

购货单位	名　　称：亿洋公司 纳税人识别号：230123072849153 地 址、电 话：哈尔滨市东江路70号 开户行及账号：交行东江支行4156286				密码区		
货物或应税劳务名称	规格型号	单位	数量	单价	金额	税率	税额
甲产品		件	100	2 300.00	230 000.00	17%	39 100.00
合　计					230 000.00		39 100.00
价税合计(大写)	※贰拾陆万玖仟壹佰元整				(小写) ¥269 100.00		
销货单位	名　　称：黑龙江科发有限责任公司 纳税人识别号：234598765432100 地 址、电 话：哈尔滨市开发区101号 开户行及账号：工行开发支行34001472583690				备注	黑龙江科发有限责任公司 234598765432100 发票专用章	

收款人：　　复核：　　开票人：　　销货单位：（章）

第四联 记账联

附件 7.6.3

销售产品出库单

购货单位：亿洋公司　　　　2015-12-7　　　　编　号：389

产品编号	产品名称	型号规格	单位	数量	单位成本	总成本	备注
	甲产品		件	100	1 500.00	150 000.00	
备　注				结算方式		运输方式	自提

第三联　财务记录

部长：　　　　发货：　　　　制单：

附件 7.7.1

库存现金盘点报告表

单位：黑龙江科发有限责任公司　　　　2015年12月8日

币　别	实存金额	账存金额	对比结果		备注
			盘盈	盘亏	
人民币	18 847.26	18 647.26	200.00		转入营业外收入

会计主管：　　　　盘点人：　　　　出纳：

附件 7.8.1

托收凭证（受理回单）

受托日期　2015 年 12 月 9 日

业务类型	委托收款（□邮划、☑电划）			托收承付（□邮划、□电划）			
付款人	全　称	市金海洋公司		收款人	全　称	黑龙江科发有限责任公司	
	账　号	31428625			账　号	34001472583690	
	地　址	哈尔滨市 开户行	中行浦江支行		地　址	哈尔滨市 开户行	工行开发支行
金额	人民币（大写）	壹拾肆万零肆佰元整			亿千百十万千百十元角分	¥ 1 4 0 4 0 0 0 0	
款项内容	货款	托收凭据名称	发票	附寄单证张数	3		
商品发运情况			合同名称号码				
备注：	款项受托日期		中国工商银行 开发支行 2015.12.9 业务清讫				
			收款人开户银行签章				
复核	记账	年　月　日	年　月　日				

收款人开户银行给收款人的回单

附件 7.8.2

23027185　**黑龙江省增值税专用发票**　№ 64539715

记账联

开票日期：2015年12月9日

购货单位	名　称：市金海洋公司 纳税人识别号：23023076543210 地 址、电 话：哈尔滨市浦江路36号 开户行及账号：中行浦江支行31428625			密码区			
货物或应税劳务名称	规格型号	单位	数量	单价	金额	税率	税额
甲产品		件	50	2 400.00	120 000.00	17%	20 400.00
合　计					120 000.00		20 400.00
价税合计(大写)	※壹拾肆万零肆佰元整				（小写）¥140 400.00		
销货单位	名　称：黑龙江科发有限责任公司 纳税人识别号：234598765432100 地 址、电 话：哈尔滨市开发区101号 开户行及账号：工行开发支行34001472583690			备注	黑龙江科发有限责任公司 234598765432100 发票专用章		

收款人：　　复核：　　开票人：　　销货单位：（章）

第四联 记账联

附件 7.8.3

销售产品出库单

购货单位：市金海洋公司　　　　　　2015-12-9　　　　　　编　号：390

产品编号	产品名称	型号规格	单位	数量	单位成本	总成本	备注
	甲产品		件	50	1 500.00	75 000.00	
备　注				结算方式		运输方式	

部长：　　　　　　发货：　　　　　　制单：

第三联　财务记录

附件 7.9.1

123318726　黑龙江省增值税专用发票　**№ 27958084**

发票联

开票日期：2015年12月10日

购货单位		密码区	
名　　称：黑龙江科发有限			
纳税人识别号：234598765432100			
地 址、电 话：哈尔滨市开发区101号0451-85976543			
开户行及账号：工行开发支行34001472583690			

货物或应税劳务名称	规格型号	单位	数量	单价	金额	税率	税额
办公用品					523.00	17%	88.91
合　计					523.00		88.91
价税合计(大写)	※陆佰壹拾壹元玖角壹分				小写 ¥611.91		

销货单位	备注
名　　称：哈尔滨家乐福有限公司	哈尔滨家乐福有限公司 234567890111444 发票专用章
纳税人识别号：234567890111444	
地 址、电 话：哈尔滨市香坊区53号0451-61351829	
开户行及账号：工行和兴路办035-1110-62324578	

收款人：王苗　　复核：张乐　　开票人：赵开　　　　销货单位：（章）

第二联　发票联

附件 7.10.1

说　　明 本公司于 2015 年 12 月 7 日销售给哈尔滨亿洋公司的甲产品，由于质量问题，亿洋公司要求给以 10%的价格折让，现开具红字增值税专用发票，并支付商品折让款。 会计主管：　　　　　　　　　　　　　　　　会计： 2015 年 12 月 11 日

附件 7.10.2

开具红字增值税专用发票通知单

填开日期：2015年12月11日　　　　　No15000791261285

销售方	名　称	黑龙江科发有限责任公司	购买方	名称	哈尔滨亿洋公司	
	税务登记代码	234598765432100		税务登记代码	230123072849153	
开具红字专用发票内容	货物（劳务）名称	数量	单价	金额	税率	税额
	甲产品			-23 000.00	17%	-3 910.00
	合　计			-23 000.00		-3 910.00
说明	一、购买方申请☑ 对应蓝字专用发票抵扣增值税销项税额情况： 1. 需要作进项税额转出☑ 2. 不需要作进项税额转出☐ （1）无法认证☐ （2）纳税人识别号认证不符☐ （3）增值税专用发票代码、号码认证不符☐ （4）所购货物不属于增值税扣税项目范围☐ 对应蓝字专用发票密码区内打印的代码：＿＿＿＿＿ 号码：＿＿＿＿＿ 二、销售方申请☐ （1）因开票有误购买方拒收的☐ （2）因开票有误等原因尚未交付的☐ 对应蓝字专用发票密码区内打印的代码：＿＿＿＿＿ 号码：＿＿＿＿＿ 开具红字专用发票理由：因质量问题要求给予10%折让					

经办人：　　　　　　　　负责人：　　　　　　　　主管税务机关名称（印章）

注：（1）本通知单一式三联：第一联，申请方主管税务机关留存；第二联，申请方送交对方留存；第三联，申请方留存。

（2）通知单应与申请单一一对应。

附件 7.10.3

23027185　**黑龙江省增值税专用发票**　№ 64539716

记账联

开票日期：2015年12月11日

<table>
<tr><td rowspan="4">购货单位</td><td colspan="3">名　　称：亿洋公司</td><td rowspan="4">密码区</td><td colspan="4" rowspan="4"></td></tr>
<tr><td colspan="3">纳税人识别号：230123072849153</td></tr>
<tr><td colspan="3">地 址、电 话：哈尔滨市东江路70号</td></tr>
<tr><td colspan="3">开户行及账号：交行东江支行4156286</td></tr>
<tr><td colspan="2">货物或应税劳务名称</td><td>规格型号</td><td>单位</td><td>数量</td><td>单价</td><td>金额</td><td>税率</td><td>税额</td></tr>
<tr><td colspan="2">甲产品</td><td></td><td>件</td><td></td><td></td><td>-23 000.00</td><td>17%</td><td>-3 910.00</td></tr>
<tr><td colspan="2">合　计</td><td></td><td></td><td></td><td></td><td>-23 000.00</td><td></td><td>-3 910.00</td></tr>
<tr><td colspan="2">价税合计(大写)</td><td colspan="5">※贰万陆仟玖佰壹拾元整</td><td colspan="2">小写　¥-26 910.00</td></tr>
<tr><td rowspan="4">销货单位</td><td colspan="3">名　　称：黑龙江科发有限责任公司</td><td rowspan="4">备注</td><td colspan="4" rowspan="4">黑龙江科发有限责任公司
234598765432100
发票专用章</td></tr>
<tr><td colspan="3">纳税人识别号：234598765432100</td></tr>
<tr><td colspan="3">地 址、电 话：哈尔滨市开发区101号</td></tr>
<tr><td colspan="3">开户行及账号：工行开发支行34001472583690</td></tr>
</table>

收款人：　　复核：　　开票人：　　销货单位：（章）

第四联　记账联

附件 7.10.4

中国工商银行

转账支票存根

X Ⅵ 710646

附加信息

出票日期 2015年12月11日

收款人：	亿洋公司
金　额：	26 910.00
用　途：	商品折让款

单位主管　　会计

附件 7.11.1

中国工商银行 进账单（收账通知）

2015年 12 月 12 日

出票人	全称	佳益公司	收款人	全称	黑龙江科发有限责任公司
	账号	15369278		账号	34001472583690
	开户银行	农行红旗支行		开户银行	工行开发支行

金额	人民币（大写）	壹拾壹万柒仟元整	亿	千	百	十	万	千	百	十	元	角	分
					¥	1	1	7	0	0	0	0	0

票据种类	转账支票	票据张数	1张	收款人开户银行签章
票据号码				中国工商银行 开发支行 2015.12.12 业务清讫
复核		记账		

此联是收款人的收账通知

附件 7.11.2

23027185 ## 黑龙江省增值税专用发票 **№ 64539717**

全国统一发票监制章 黑龙江 国家税务局监制

记账联 开票日期: 2015年12月12日

购货单位	名　　称：佳益公司 纳税人识别号：230130876543211 地 址、电 话：哈尔滨市红旗路156号 开户行及账号：农行红旗支行15369278			密码区			
货物或应税劳务名称	规格型号	单位	数量	单价	金额	税率	税额
丙材料		千克	500	200.00	100 000.00	17%	17 000.00
合　计					100 000.00		17 000.00
价税合计(大写)	※壹拾壹万柒仟元整				小写 ¥117 000.00		
销货单位	名　　称：黑龙江科发有限责任公司 纳税人识别号：234598765432100 地 址、电 话：哈尔滨市开发区101号 开户行及账号：工行开发支行34001472583690			备注	黑龙江科发有限责任公司 234598765432100 发票专用章		

第四联 记账联

收款人:　　　　复核:　　　　开票人:　　　　　　　　销货单位: (章)

附件 7.11.3

销售产品出库单

购货单位：佳益公司　　　　2015-12-12　　　　编　号：391

产品编号	产品名称	型号规格	单位	数量	单位成本	总成本	备注
	丙材料		千克	500	140.00	70 000.00	
备　注				结算方式		运输方式	送货

第三联　财务记录

部长：　　　　发货：　　　　制单：

附件 7.11.4

中国工商银行

转账支票存根

X Ⅵ 710647

附加信息

出票日期 2015年12月12日

收款人：	顺达运输公司
金　额：	2 725.00
用　途：	运杂费

单位主管　　　　会计

附件 7.11.5

2330001515 货物运输业增值税专用发票 **№ 00157216**

发票联

开票日期：2015年12月12日

承运人及纳税人识别号	顺达运输公司 230140377325619	密码区	
实际受票方及纳税人识别号	黑龙江科发有限责任公司 234598765432100		
收货人及纳税人识别号	哈尔滨佳益公司 230130876543211	发货人及纳税人识别号	黑龙江科发有限责任公司 234598765432100
起运地、经由、到达地	哈尔滨市开发区至哈尔滨市红旗路		
费用项目及金额	费用项目 金额 费用项目 金额 运费 1500.00	运输货物信息	

合计金额	¥1500.00	税率	11%	税额	¥165.00	机器编号	799100157856
价税合计(大写)	※壹仟陆佰陆拾伍元整					(小写)	¥1665.00
车种车号		车船吨位	8	备注	顺达运输公司 230140377325619 发票专用章		
主管税务机关及代码	哈尔滨市开发区国家税务局 225011300						

收款人：秦红　　复核人：赵丽　　开票人：宋丹　　承运人：（章）

第二联 发票联 受票方记账凭证

附件 7.11.6

151531233 黑龙江增值税专用发票 **№ 00157266**

发票联

开票日期：2015年12月12日

购货单位	名　　称：黑龙江科发有限责任公司 纳税人识别号：234598765432100 地 址、电 话：哈尔滨市开发区101号0451-85976543 开户行及账号：工行开发支行34001472583690	密码区	

货物或应税劳务名称	规格型号	单位	数量	单价	金额	税率	税额
装卸费					1,000.00	6%	60.00
合　计					1,000.00		60.00
价税合计(大写)	※壹仟零陆拾元整				小写	¥1,060.00	

销货单位	名　　称：顺达运输公司 纳税人识别号：230140377325619 地 址、电 话：哈尔滨市开发区9号0451-76195228 开户行及账号：工行赣水路办035-2311-72194635	备注	顺达运输公司 230140377325619 发票专用章

收款人：陈立　　复核：白玉　　开票人：陈明　　销货单位：（章）

第二联 发票联

附件 7.12.1

中国工商银行 进账单（收账通知）

2015 年 12 月 14 日

出票人	全称	宏远公司	收款人	全称	黑龙江科发有限责任公司
	账号	4156987926		账号	34001472583690
	开户银行	建行江南支行		开户银行	工行开发支行
金额	人民币（大写）	壹佰壹拾万零柒佰叁拾陆元整			亿 千 百 十 万 千 百 十 元 角 分 ¥ 1 1 0 0 7 3 6 0 0
票据种类	转账支票	票据张数	1张		中国工商银行 开发支行 2015.12.14 业务清讫 收款人开户银行签章
票据号码					
复核		记账			

此联是收款人的收账通知

附件 7.13.1

差旅费报销单

预借款	5000
补领或交还	

2015年12月15日

部门	销售部	姓名	赵亮		出差事由	参加展销会			
出差起止日期	自 2015年11月29日至2015年12月8日共计 10 天						附单据 9 张		
起讫时间	起讫地点	飞机、车、船		住宿费	出差补贴	市内交通费	其他费用		附注
		名称	金额				名称	金额	
11.29	哈尔滨至上海		960.00	3 500.00	700.00	182.00		150.00	
12.08	上海至哈尔滨		960.00						
合计			1 920.00	3 500.00	700.00	182.00		150.00	
合计金额（大写）陆仟肆佰伍拾贰元整								6 452.00	

单位主管　　复核　　出差人

附件 7.14.1

编号　201202

固定资产清理报废单

2015年12月16日

使用单位：生产车间

名称	编号	单位	数量	原始价值	已提折旧	净值	清理费	收回变价收入	预计使用年限	实际使用年限
车床	200318	台	1	80 000.00	76 000.00	4 000.00	500.00	1 200.00	10年	10年
申请报废原因	主要部件严重老化，无法达到精度要求									
处理意见	使用部门		技术鉴定小组		固定资产管理部门				主管部门审批	
	建议报废		情况属实		同意转入清理				同意	

附件 7.14.2

收　　据

入账日期　2015年12月16日

今收到：哈尔滨市物资回收公司废旧物资款

人民币：壹仟贰佰元整

系　付：残料收入

黑龙江科发有限责任公司　2015. 12. 16　现金收讫

第三联　收款单位

核准：　　会计：　　记账：　　出纳：　　经手人：

附件 7.14.3

收　　据

入账日期　2015年12月16日

今收到：黑龙江科发有限责任公司

人民币：伍佰元整

系　付：清理费用

黑龙江春光有限责任公司　2015. 12. 16　现金收讫

第二联　付款单位

核准：　　会计：　　记账：　　出纳：　　经手人：

附件 7.15.1

中国工商银行 进账单（收账通知）

2015 年 12 月 17 日

出票人	全称	世联公司	收款人	全称	黑龙江科发有限责任公司
	账号	156972463		账号	34001472583690
	开户银行	建行华南支行		开户银行	工行开发支行
金额	人民币（大写）	肆万元整		亿 千 百 十 万 千 百 十 元 角 分	￥ 4 0 0 0 0 0 0
票据种类	转账支票	票据张数	1张		中国工商银行 开发支行 收款人开户银行签章 2015.12.14 业务清讫
票据号码					
复核		记账			

此联是收款人的收账通知

附件 7.15.2

23027185 黑龙江省增值税专用发票 № 64539718

记账联　　开票日期：2015年12月17日

购货单位	名　称：世联公司 纳税人识别号：230300234567890 地 址、电 话：哈尔滨市华南路217号 开户行及账号：建行华南支行156972463				密码区		
货物或应税劳务名称	规格型号	单位	数量	单价	金额	税率	税额
包装物		个	100	400.00	40 000.00	17%	6 800.00
合　计					40 000.00		6 800.00
价税合计(大写)	※肆万陆仟捌佰元整				（小写）￥46 800.00		
销货单位	名　称：黑龙江科发有限责任公司 纳税人识别号：234598765432100 地 址、电 话：哈尔滨市开发区101号 开户行及账号：工行开发支行34001472583690				备注	黑龙江科发有限责任公司 234598765432100 发票专用章	

收款人：　　复核：　　开票人：　　销货单位：（章）

第四联 记账联

附件 7.15.3

销售产品出库单

购货单位：世联公司　　　　2015-12-17　　　　编　号：392

产品编号	产品名称	型号规格	单位	数量	单位成本	总成本	备注
	包装物		个	100	300.00	30 000.00	
备　注				结算方式		运输方式	

第三联　财务记录

部长：　　　　发货：　　　　制单：

附件 7.16.1

中国工商银行

转账支票存根

X Ⅵ 710648

附加信息

出票日期 2015年12月18日

收款人：龙运会计师事务所
金　额：8 000.00
用　途：审计费

单位主管　　　　会计

附件 7.16.2

251117831　**黑龙江省增值税专用发票**　№ 36720715

发票联　　开票日期:　2015年12月15日

购货单位	名　　称：黑龙江科发有限责任公司 纳税人识别号：234598765432100 地 址、电 话：哈尔滨市开发区101号0451-85976543 开户行及账号：工行开发支行34001472583690			密码区			
货物或应税劳务名称	规格型号	单位	数量	单价	金额	税率	税额
审计费					8,000.00	6%	480.00
合　计					8,000.00		480.00
价税合计(大写)	※捌仟肆佰捌拾元整				（小写）￥8,480.00		
销货单位	名　　称：黑龙江龙运会计师事务所 纳税人识别号：234598765432100 地 址、电 话：哈尔滨市香坊区39号0451-76138952 开户行及账号：工行和兴路办035-1231-56721946			备注	黑龙江龙运会计师事务所 234598765432100 发票专用章		

第二联　发票联

收款人：王立　　复核：白云　　开票人：陈风　　销货单位：（章）

附件 7.17.1

中国工商银行放款利息通知单

2015年12月20日

户　名	黑龙江科发有限责任公司	账　户	34001472583690	
利息计算时间	2015年11月21日起 2015年12月20日止	利息基数：300 000.00		利率 6‰
利息金额	人民币（大写）壹仟捌佰元整			十万千百十元角分 ￥1 8 0 0 0 0
	中国工商银行 开发支行		科目	
上列利息已由你单位存款户扣收	2015.12.20		转账	2015年12月20日
	业务清讫	中国工商银行	复核 制单	记账

附件 7.18.1

永安有限责任公司代销清单

委托单位：黑龙江科发有限责任公司

商品名称	单　价	数　量	金　额	税　金	销售日期
乙产品	12 000.00	5	60 000.00	10 200.00	2015/12/6
乙产品	12 000.00	10	120 000.00	20 400.00	2015/12/10
乙产品	12 000.00	15	180 000.00	30 600.00	2015/12/15
乙产品	12 000.00	10	120 000.00	20 400.00	2015/12/19
合　计		40	480 000.00	81 600.00	

编制日期：2015 年 12 月 20 日

附件 7.18.2

23027185　　黑龙江省增值税专用发票　　№ **64539719**

开票日期：　2015年12月21日

购货单位	名　　称：永安有限责任公司 纳税人识别号：233000456789876 地 址、电 话：哈尔滨市永安路127号 开户行及账号：建行永安支行2159872			密码区			
货物或应税劳务名称	规格型号	单位	数量	单价	金额	税率	税额
乙产品		件	40	12 000.00	480 000.00	17%	81 600.00
合　计					480 000.00		81 600.00
价税合计(大写)	※伍拾陆万壹仟陆佰元整				小写 ¥561 600.00		
销货单位	名　　称：黑龙江科发有限责任公司 纳税人识别号：234598765432100 地 址、电 话：哈尔滨市开发区101号 开户行及账号：工行开发支行34001472583690			备注	黑龙江科发有限责任公司 234598765432100 发票专用章		

第四联　记账联

收款人：　　复核：　　开票人：　　销货单位：（章）

附件 7.19.1

托收凭证（收账通知）

受托日期 2015年 12月 23 日

业务类型	委托收款（□邮划、☑电划）				托收承付（□邮划、□电划）			
付款人	全　称	永安有限责任公司			收款人	全　称	黑龙江科发有限责任公司	
	账　号	2159872				账　号	34001472583690	
	地　址	哈尔滨市	开户行	建行永安支行		地　址	哈尔滨市	开户行：工行开发支行
金额	人民币（大写）	伍拾叁万陆仟壹佰陆拾元整					亿千百十万千百十元角分	¥53616000
款项内容	货款	托收凭据名称	发票		附寄单证张数	1		
商品发运情况			合同名称号码					
备注：	款项受托日期						中国工商银行 开发支行 2015.12.23 业务清讫	
							收款人开户银行签章	
复核	记账	年　月　日					年　月　日	

收款人开户银行给收款人的收账通知

附件 7.19.2

371151290 **黑龙江省增值税专用发票** № 62105785

发票联　　开票日期： 2015年12月18日

购货单位	名　称：黑龙江科发有限责任公司 纳税人识别号：234598765432100 地址、电话：哈尔滨市开发区101号0451-85976543 开户行及账号：工行开发支行34001472583690				密码区			
货物或应税劳务名称	规格型号	单位	数量	单价	金额	税率	税额	
代销手续费					24,000.00	6%	1,440.00	
合　计					24,000.00		1,440.00	
价税合计(大写)	※贰万伍仟肆佰肆拾元整				（小写）¥25,440.00			
销货单位	名　称：永安有限责任公司 纳税人识别号：233000456789876 地址、电话：哈尔滨市南岗区65号0451-86138259 开户行及账号：建行永安支行2159872				备注	永安有限责任公司 233000456789876 发票专用章		

第二联 发票联

收款人：钱立　　复核：赵红　　开票人：周广　　销货单位：（章）

附件 7.20.1

特约委托收款凭证（付款通知）

委托日期　　2015年12月26日

付款人	全称	黑龙江科发有限责任公司			收款人	全称	中国联通哈尔滨分公司	
	账号	34001472583690				账号		
	地址	哈尔滨 市/县	开户行	工行开发支行		地址	哈尔滨 市/县	开户行
金额	人民币（大写）	叁仟柒佰元整						

亿	千	百	十	万	千	百	十	元	角	分
				¥	3	7	0	0	0	0

款项内容	国际次数	国际电话	国内次数	国内电话	附加费	清单服务费	手续费

联系电话		合同名称号码	

[印章：中国工商银行 开发支行 2015.12.26 业务清讫]

附件 7.21.1

中 国 工 商 银 行

收费凭条

2015年12月28日　　　　2354048

付款人名称	黑龙江科发有限责任公司		付款人账号	34001472583690
服务项目（凭证种类）	数量	工本费	手续费	小计（百 十 万 千 百 十 元 角 分）
转账支票	2			6 0 0 0
现金支票	1			3 5 0 0
金额（大写）　玖拾伍元整				¥ 9 5 0 0
以下在购买凭证时填写				
领购人姓名			领购人证件类型	
			领购人证件号码	

上述款项请从我账户中支付。

预留印鉴：[印章：黑龙江科发有限责任公司财务专用章] [印章：李强之印]

附件 7.22.1

城市维护建设税和教育费附加计算表

2015 年 12 月 31 日

应税项目	计税基数（增值税）	税（费）率	应纳税（费）额
城市维护建设税			
教育费附加			
合　计			

会计主管：　　　　　　　　　　　　　　　　　　制表：

附件 7.23.1

销售成本汇总表

2015年12月

产品	数量	单位成本	金额
小计			

会计主管：　　　　　　　　　　　　　　　　　　制表：

附件 7.24.1

收入类账户汇总表

2015 年 12 月 31 日

总账账户	本年发生额
合　　计	

会计主管：　　　　　　　　　　　　　　　　　　制表：

附件 7.24.2

费用类账户汇总表（不含所得税费用）

2015 年 12 月 31 日

总账账户	本年发生额
合　　计	

会计主管：　　　　　　　　　　　　　　　　　　制表：

附件 7.25.1

应纳所得税费用计算表

2015 年 12 月 31 日

项　　目	金　　额
利润总额	
所得税税率	
应纳所得税	

会计主管：　　　　　　　　　　　　　　　　　　制表：

附件 7.25.2

结转所得税费用

附件 7.26.1

全年净利润计算表

2015 年 12 月 31 日

项　　目	金　　额
收入类总额	
费用类总额	
所得税费用	
净利润	

会计主管：　　　　　　　　　　　　　　　　　　制表：

附件 7.27.1

盈余公积计算表

2015 年 12 月 31 日

项　　目	净利润	比　　例	金　　额
法定盈余公积			
任意盈余公积			
合　　计			

会计主管：　　　　　　　　　　　　　　　　　　制表：

附件 7.27.2

应付利润计算表

2015 年 12 月 31 日

净利润	比　　例	金　　额

会计主管：　　　　　　　　　　　　　　　　　　制表：

附件 7.28.1

结转利润分配明细账户

第八章　资本金核算会计岗位实训

8.1 资本金核算会计岗位职责

（1）会同有关部门拟定筹资及资金管理与核算的实施办法。

（2）监督投资者是否按企业章程、合同、协议的约定，实际投入企业资本金，加强和监督资本金的增减变化情况，防止盲目抽减资本金。

（3）根据权益资金及借入资金筹集业务，正确进行实收资本、资本公积、留存收益以及长短期借款、应付债券等的核算，并登记有关明细账。

（4）熟悉银行借款业务流程，正确计算银行贷款利息。

8.2 资本金核算会计岗位业务流程

资本金核算会计岗位业务流程如图 8.1 所示。

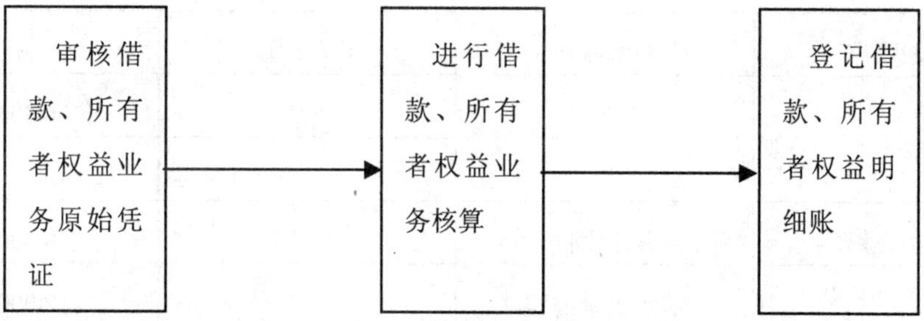

图 8.1　资本金核算会计岗位业务流程图

8.3 资本金核算会计岗位实训目的与要求

一、实训目的

通过本岗位的实训，使学生全面了解资本金核算会计岗位的基本职责和业务流程；掌握不同出资方式下，实收资本及其增减业务的核算方法，熟悉并填制与所有者权益和借款业务相关的原始凭证；掌握盈余公积的提取和使用的核算方法；掌握银行贷款利息的计算与预提。

二、实训要求

（1）补填原始凭证（附件 8.9.1、附件 8.10.2、附件 8.10.3）。

（2）根据经济业务编制记账凭证。

（3）设立、登记所有者权益和借款业务明细账，并结账。

8.4 资本金核算会计岗位实训内容

一、企业基本情况

企业名称：卓辉股份有限公司

地址：长征大街 180 号

电话：82796333

经营范围：生产销售甲、乙两种产品

注册资金：8 000 万元

纳税人登记号：350103481119928

开户银行及账号：中国银行开发区支行 289556300235

卓辉公司 2015 年 12 月初有关账户余额如下表：

账户期初余额（部分）

单位：元

总账账户	明细账户	借方余额	贷方余额
股本	李晓军		70 000 000
	冯军		10 000 000
资本公积	股本溢价		8 000 000
盈余公积	法定盈余公积		12 000 000
	任意盈余公积		10 000 000
利润分配	未分配利润		30 000 000
短期借款	中行开发区支行		7 000 000

二、实训资料

附件 8.1.1

投资协议书（摘要）

投资单位：长江股份有限公司

被投资单位：卓辉股份有限公司

经双方协商，卓辉股份有限公司同意接受长江股份有限公司以货币资金投资，投资额为 2 000 万元，享有卓辉股份有限公司注册资本的 20%的股权。从 2016 年开始，每年按此比例分配卓辉股份有限公司的净利润。

投资人（签章）：长江股份有限公司　　　　接受投资人：卓辉股份有限公司

2015 年 11 月 25 日　　　　2015 年 11 月 25 日

附件 8.1.2

中国银行进账单（收账通知）

2015年12月1 日

付款人	全称	长江股份有限公司	收款人	全称	卓辉股份有限公司
	账号	655346787111		账号	289556300235
	开户行	中国银行中山支行		开户行	中国银行开发区支行

金额	亿	千	百	十	万	千	百	十	元	角	分
人民币（大写）贰仟万元整					0	0	0	0	0	0	0

票据种类	支票	中国银行开发区支行 中国银行开发区支行 转讫章
票据张数	壹张	
复核　　记账		收款人开户银行签章

此联是收款人开户银行交给收款人的收账凭证

附件 8.2.1

中国银行短期借款合同（摘要）

订立合同单位：

中国银行开发区支行（以下简称为贷款方）

卓辉股份有限公司（以下简称为借款方）

黄河股份有限公司（以下简称为担保方）

为明确责任，恪守合同，特签订本合同，共同信守。

一、贷款种类：工业企业短期贷款

二、借款金额：伍佰万元整

三、借款用途：购买材料

四、借款利率：月利率千分之四，到期一次还本付息。如遇国家调整利率，按照调整后的规定利率计算。

五、借款期限：借款时间自二Ｏ一五年十二月一日到二Ｏ一六年二月一日止

六、还款资金来源：营业收入

七、还款方式：转账

八、保证条款：借款方请黄河公司作为自己借款的担保方，经贷款方审查，证实担保方具有担保资格和足够代偿借款的能力。保证方有权检查和督促借款方履行合同。当借款方不履行合同时，由担保方连带承担偿还借款本息的责任。必要时，贷款方可以从担保方的存款账户内扣收贷款本息。

九、违约责任（略）

合同的附件（略）

本合同经各方签字后生效，贷款本息全部清偿后自动失效。

本合同正式本一式三份，贷款方、借款方，保证方各执一份；合同副本__份，报送有关单位各留存一份。

贷款方	（公章）	法定代表人	（盖章）
借款方	（公章）	法定代表人	（盖章）
担保方	（公章）	法定代表人	（盖章）

借款方开户银行：中国银行开发区支行

账号：289556300235

附件 8.2.2

（流动资金贷款）借款凭证（回单）

日期 ： 2015 年 12 月 1 日

付款人	全称	中国银行开发区支行	收款人	全称	卓辉股份有限公司
	账号			账号	289556300235
	开户行	中国银行开发区支行		开户行	中国银行开发区支行
借款期限（最后还款日期）		2016 年2月1日		借款计划指标	

			亿	千	百	十	万	千	百	十	元	角	分
借款申请金额	人民币：伍佰万元整			¥	5	0	0	0	0	0	0	0	0
借款原因及用途	生产经营周转用	银行核定金额		¥	5	0	0	0	0	0	0	0	0

期限	计划还款日期		计划还款金额	分次还款记录		还款金额	结欠
1	2016 年2月1日		5 000 000.00				
2							
3							

备注：	上述……注来账户，借款到期时 应按…… 此致 借款单位 （银行盖章） 2015 年12月1日

中国银行开发区支行 业务专用章

附件 8.3.1

投资协议书（摘要）

投资单位：昆仑股份有限公司

被投资单位：卓辉股份有限公司

经双方协商，卓辉股份有限公司同意接受昆仑股份有限公司以原材料投资，投资额为陆佰万元，享有卓辉股份有限公司注册资本的5%的股权。从2016年开始每年按此比例分配卓辉股份有限公司的净利润。

投资人（签章）：昆仑股份有限公司　　接受投资人（签章）：卓辉股份有限公司

2015 年 12 月 5 日　　2015 年 12 月 5 日

附件 8.3.2

211070518　黑龙江省增值税专用发票　№ 4456457

发票联

开票日期：2015年12月5日

购货单位：
名　　称：卓辉股份有限公司
纳税人识别号：350103481119928
地 址、电 话：长征大街180号
开户行及账号：中国银行开发区支行289556300235

密码区：

货物或应税劳务名称	规格型号	单位	数量	单价	金额	税率	税额
甲材料	W1	千克	10 000	512.820 5	5 128 205.00	17%	871 795.00
合　计					5 128 205.00		871 795.00
价税合计(大写)	※陆佰万元整				(小写) [illegible]0 000.00		

销货单位：
名　　称：昆仑股份有限公司
纳税人识别号：764909180734210
地 址、电 话：滨海西路560号
开户行及账号：工商银行长江支行7422130481

备注：

昆仑股份有限公司　764909180734210　发票专用章

第二联　发票联

收款人：　　复核：李明　　开票人：张芳　　销货单位：（章）

附件 8.3.3

收料单

材料科目：原材料　　编号：0234

材料类别：原料及主要材料　　收料仓库：1 号仓库

供应单位：昆仑股份有限公司　　2015 年 12 月 5 日　　发票号码：4456457

材料编号	材料名称	规格	计量单位	数量		实际价格			
				应收	实收	单价	发票金额	运费	合计
01	甲材料	W1	千克	10 000	10 000	512.8205	5 128 205.00		5 128 205.00
备　注：									

采购员：×××　　检验员：×××　　记账员：×××　　保管员：×××

附件 8.4.1

投资协议书（摘要）

投资单位：红光公司

被投资单位：卓辉股份有限公司

经双方协商，卓辉股份有限公司同意接受红光公司以一栋房屋投资，投资各方协商投资额为壹仟万元，享有卓辉股份有限公司注册资本的 10%的股权。从 2016 年开始每年按此比例分配卓辉股份有限公司的净利润。

投资人（签章）：红光公司　　　　接受投资人（签章）：卓辉股份有限公司

2015 年 12 月 10 日　　　　2015 年 12 月 10 日

附件 8.4.2

固定资产验收单

2015 年 12 月 10 日

名称	规格型号		来源	数量	购（造）价	使用年限	预计残值率
房屋			投入	1	10 000 000.00	50	5%
安装费	月折旧率		建造单位		交工日期	附件	
					2015 年 10 月 30 日		
验收部门	张小雨	验收人员	李艳华	管理部门	段明玉	管理人员	周东平
备注	该批固定资产为红光公司投入						

附件 8.5.1

投资协议书（摘要）

投资单位：荣盛公司

被投资单位：卓辉股份有限公司

经双方协商，卓辉股份有限公司同意接受荣盛公司以非专利技术进行投资，该非专利技术公允价值为壹仟万元，享有卓辉股份有限公司注册资本的 10%的股权。从2016 年开始每年按此比例分配卓辉股份有限公司的净利润。

投资人（签章）：荣盛公司　　接受投资人（签章）：卓辉股份有限公司

2015 年 12 月 15 日　　2015 年 12 月 15 日

附件 8.6.1

债券代理发行协议

第一条 本合同的各方为：

委托方：卓辉股份有限公司（以下简称为甲方）。

受托方：长盛证券有限责任公司（以下简称为乙方）。

第二条 甲方委托乙方代理发行债券，每张面值 100 元，票面利率 6%，期限 5 年，到期一次还本付息的债券 50 000 张。

第三条 发行债券所筹集的资金全部用于某建设项目 M 项目，该项目将于 2017 年底完工，公司每年计算一次利息费用。

……

第八条 协议共八条，协议自签订之日起生效。

甲方：卓辉股份有限公司　　乙方：长盛证券有限责任公司

签章　　签章

甲方代表（签字）：李晓军　　乙方代表（签字）：刘鹏

2015 年 12 月 20 日　　2015 年 12 月 20 日

附件 8.6.2

中国银行进账单（收账通知）

2015 年 12 月 20 日

付款人	全称	长盛证券有限公司	收款人	全称	卓辉股份有限公司
	账号	197196465078		账号	289556300235
	开户行	中国银行珠江支行		开户行	中国银行开发区运行

		亿	千	百	十	万	千	百	十	元	角	分
金额	人民币（大写）伍佰万元整						0	0	0	0	0	0

票据种类	转账支票	注：
票据张数	壹张	中国银行开发区支行 转讫章
复核　　记账		收款人开户银行签章

此联是收款人开户银行交给收款人的收账凭证

附件 8.7.1

卓辉股份有限公司

办字第 27 号文件

关于将资本公积转增资本的决议

为增加公司资本实力，根据公司股东会决议，公司决定按原出资比例（即李晓军 87.5%，冯军 12.5%）用资本公积——股本溢价　3 000 000 元转增资本。

卓辉股份有限公司

2015 年 12 月 20 日

附件 8.8.1

卓辉股份有限公司

办字第 28 号文件

关于将盈余公积转增资本的决议

经公司股东会研究决定，按照原出资比例（即李晓军 87.5%，冯军 12.5%）将法定盈余公积 2 000 000 元转增资本。

卓辉股份有限公司

2015 年 12 月 20 日

附件 8.9.1

应付利息计算表

年　月　日

贷款银行	借款种类	本金	月利率	利息额

审核：　　　　　　　　　　　　　　　　　　制单：

附件 8.10.1

卓辉股份有限公司股东会决议

2015 年 12 月 31 日召开股东会，会议符合《中华人民共和国公司法》和《公司章程》的规定。经会议审核，一致通过如下决议：

一、审议通过公司 2015 年年度总经理工作报告；

二、审议通过公司 2015 年年度董事会工作报告；

三、审议通过公司 2015 年年度报告及报告摘要；

四、审议通过公司 2015 年年度财务决算报告；

五、审议通过公司 2015 年年度利润分配方案。

公司税后净利润 2 310 万元。按净利润的 10%提取法定盈余公积，按净利润的 10%提取任意盈余公积，按净利润的 30%向投资者分配利润。

卓辉股份有限公司

二Ｏ一五年十二月三十一日

附件 8.10.2

盈余公积计算表

2015 年 12 月 31 日　　　　单位：元

项目	税后利润	提取比例（%）	提取金额
法定盈余公积			
任意盈余公积			
合计			

审核：　　　　　　　　制单：

附件 8.10.3

分配利润计算表

2015 年 12 月 31 日　　　　单位：元

投资者	投资比例（%）	分配金额
合计		

审核：　　　　　　　　制单：

第九章　税务会计岗位实训

9.1 税务会计岗位职责

（1）认真学习相关的税收法律法规，了解国家最新税收政策；认真执行国家财经纪律、税收制度和本单位财务制度，积极与税务部门沟通。

（2）负责企业税务登记和税务登记证件的使用和管理，负责发票的领购、开具和保管以及涉税文书的签收和保管。

（3）依据税法规定正确计算各项应纳税额，及时缴纳税款并进行纳税申报。

（4）正确进行计提和缴纳各项税费的账务处理，并登记应交税费明细账。

（5）定期对纳税申报、税负情况进行综合分析，提出合理化建议。

9.2 税务会计岗位业务流程

税务会计岗位业务流程如图 9.1 所示。

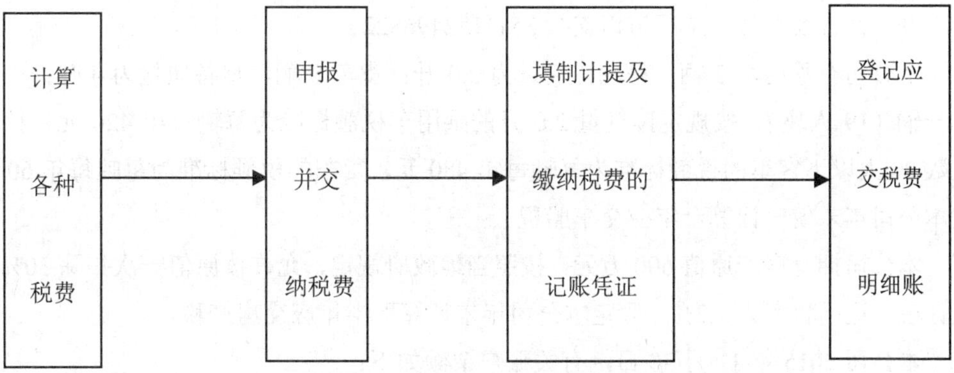

图 9.1 税务会计岗位业务流程图

9.3 税务会计岗位实训目的与要求

一、实训目的

通过本岗位实训，使学生了解税务会计岗位的基本职责和业务流程；掌握企业涉及的常用税种的计算、申报以及账务处理方法；熟练掌握应交税费明细账户的设置与登记方法。

二、实训要求

（1）补填原始凭证（附件 9.3.5、附件 9.5.3、附件 9.7.2、附件 9.14.1、附件 9.15.1、附件 9.16.1、附件 9.17.1）。

（2）根据经济业务编制记账凭证。

（3）填制《增值税纳税申报表》、《城市维护建设税纳税申报表》、《车船税纳税申报表》、《房产税纳税申报表》、《企业所得税纳税申报表》（企业所得税纳税申报表根据本书第七章业务资料填写）。

（4）设立、登记应交税费明细账，并结账。

9.4 税务会计岗位实训内容

一、企业基本情况

企业名称：哈尔滨龙翔有限责任公司

地址：哈尔滨市道外区 95 号

电话：87563579

经营范围：生产销售甲、乙两种产品

注册资金：8 000 万元

纳税人登记号：231155777888999

开户银行及账号：工行道口支行 3511132496822

本公司有乘用车 3 辆，每辆排气量为 2.0 升；货车 8 辆，整备质量为 4 吨；中型面包车一辆（19 人座）。按规定排气量 2.0 升的乘用车税额标准为每辆每年 420 元，核定载客人数 20 人以下客车的税额标准为每辆每年 480 元，货车的税额标准为每吨每年 60 元。假定本公司年末统一计算全年应交车船税。

本公司拥有房产原值 600 万元。按照当地政府规定，允许按原值一次扣除 30%后的余值计税，适用税率为 1.2%。假定本公司年末计算下半年应交房产税。

本公司 2015 年 11 月 30 日，有关账户余额如下：

应交税费——未交增值税（贷方）：100 000 元

应交税费——应交城市维护建设税（贷方）：7 000 元

应交税费——应交教育费附加（贷方）：3 000 元

二、实训资料

附件 9.1.1

21356862　　黑龙江省增值税专用发票　　№ 57968213

发票联

开票日期：2015年12月2日

购货单位				密码区			
名　　称：哈尔滨龙翔有限责任公司							
纳税人识别号：231155777888999							
地址、电话：哈尔滨市道外区95号							
开户行及账号：工行道口支行3511132496822							
货物或应税劳务名称	规格型号	单位	数量	单价	金额	税率	税额
A材料		千克	800	40.00	32 000.00	17%	5 440.00
合　计					32 000.00		5 440.00
价税合计(大写)	※叁万柒仟肆佰肆拾元整				小写 ¥37 440.00		
销货单位				备注			
名　　称：天叶有限公司					天叶有限公司 232300005789136 发票专用章		
纳税人识别号：232300005789136							
地址、电话：哈尔滨市春风路198号							
开户行及账号：中行春风支行47158926							

第二联 发票联

收款人：　　复核：　　开票人：　　销货单位：（章）

附件 9.1.2

收 料 单

发票号：57968213号　　2015年 12 月 2 日　　No401

供应单位	天叶有限公司			材料类别及编号			
材料名称及规格	计量单位	数量		实际成本			
		发票数	实收数	发票价格	运杂费	合计	单价
A材料	千克	800	800	32 000		32 000	40
备　注							

记账联

核算　　保管　　检验　　交库

附件 9.1.3

业务委托书（回单）

2015年 12 月 2 日

业务类型		☑电汇 □信汇 □汇票申请书 □本票申请书 □其他			
汇款人	全 称	哈尔滨龙翔有限责任公司	收款人	全 称	天叶有限公司
	账号或地址	3511132496822		账号或地址	47158926
	开户银行	工行道口支行		开户银行	中行春风支行

金额(大写)	亿	千	百	十	万	千	百	十	元	角	分
叁万柒仟肆佰肆拾元整				¥	3	7	4	4	0	0	0

密 码		加急汇款签字	付出行签章
用 途	购料款		【中国工商银行 道口支行 2015.12.2 业务清讫】
备 注			

第一联回单联

事后监督： 会计主管： 复核： 记账：

附件 9.1.4

中国工商银行

收费凭条

2015年12月2日 3759106

付款人名称	哈尔滨龙翔有限责任公司		付款人账号	3511132496822									
服务项目（凭证种类）	数量	工本费	手续费	小计 百	十	万	千	百	十	元	角	分	
电汇手续费									1	0	5	0	上述款项请从我账户中支付。预留印鉴：【哈尔滨龙翔有限责任公司财务专用章】【王刚之印】
金额（大写） 壹拾元零伍角整								¥	1	0	5	0	
以下在购买凭证时填写													
领购人姓名			领购人证件类型										
			领购人证件号码										

附件 9.2.1

23057166 黑龙江省增值税专用发票 **№ 7593862**

记账联

开票日期： 2015年12月5日

购货单位	名　　称：赛欧公司 纳税人识别号：231500813645793 地 址、电 话：哈尔滨市赛欧路90号 开户行及账号：农行赛欧支行62825436				密码区		
货物或应税劳务名称	规格型号	单位	数量	单价	金额	税率	税额
甲产品		件	200	600.00	120 000.00	17%	20 400.00
合　计					120 000.00		20 400.00
价税合计(大写)	※壹拾肆万零肆佰元整				（小写）		￥140 400.00
销货单位	名　　称：哈尔滨龙翔有限责任公司 纳税人识别号：231155777888999 地 址、电 话：哈尔滨市道外区95号 开户行及账号：工行道口支行3511132496822				备注	哈尔滨龙翔有限责任公司 231155777888999 发票专用章	

收款人：　　复核：　　开票人：　　销货单位：（章）

第四联 记账联

附件 9.2.2

中国工商银行 进账单（收账通知）

2015 年 12 月 5 日

出票人	全称	赛欧公司	收款人	全称	哈尔滨龙翔有限责任公司
	账号	62825436		账号	3511132496822
	开户银行	农行赛欧支行		开户银行	工行道口支行

金额	人民币（大写）	亿	千	百	十	万	千	百	十	元	角	分
	壹拾肆万零肆佰元整			￥	1	4	0	4	0	0	0	0

票据种类	转账支票	票据张数	1张
票据号码			
复核	记账		开户银行签章

中国工商银行 道口支行 2015.12.5 业务清讫

此联是收款人的收账通知

附件 9.2.3

销售产品出库单

购货单位：赛欧公司　　　　　　2015-12-5　　　　　　编　号：501

产品编号	产品名称	型号规格	单位	数量	单位成本	总成本	备注
	甲产品		件	200	300.00	60 000.00	
备　注				结算方式	支票	运输方式	自提

第三联　财务记录

部长：孙宇　　　　　　发货：李靖　　　　　　制单：张琦

附件 9.3.1

中国工商银行

转账支票存根

X Ⅵ 672015

附加信息

出票日期 2015年12月8日

收款人：	鸿发有限公司
金　额：	175 500.00
用　途：	货款

单位主管　　　　会计

附件 9.3.2

21356682 **黑龙江省增值税专用发票** **№ 56879213**

发票联

开票日期：2015年12月8日

购货单位	名　　称：哈尔滨龙翔有限责任公司 纳税人识别号：231155777888999 地 址、电 话：哈尔滨市道外区95号 开户行及账号：工行道口支行3511132496822				密码区			
货物或应税劳务名称		规格型号	单位	数量	单价	金额	税率	税额
B材料			吨	50	3 000.00	150 000.00	17%	25 500.00
合　计						150 000.00		25 500.00
价税合计(大写)	※壹拾柒万伍仟伍佰元整					（小写）¥175 500.00		
销货单位	名　　称：鸿发有限公司 纳税人识别号：232300005716389 地 址、电 话：哈尔滨市春天路98号 开户行及账号：中行春天支行41578226				备注			

第二联 发票联

收款人：　　复核：　　开票人：　　销货单位：（章）

附件 9.3.3

2330001515 **货物运输业增值税专用发票** **№ 00172165**

发票联

开票日期：2015年12月8日

承运人及纳税人识别号	吉祥运输公司 230140375167329			密码区		
实际受票方及纳税人识别号	哈尔滨龙翔有限责任公司 231155777888999					
收货人及纳税人识别号	哈尔滨龙翔有限责任公司 231155777888999			发货人及纳税人识别号	鸿发有限公司 232300005716389	
起运地、经由、到达地	哈尔滨市区					
费用项目及金额	费用项目　金额　费用项目　金额 运费　3500.00			运输货物信息		
合计金额	¥3500.00	税率	11%	税额	¥385.00	机器编号 7912018462
价税合计(大写)	※叁仟捌佰捌拾伍元整					（小写）¥3885.00
车种车号		车船吨位	8	备注		
主管税务机关及代码	哈尔滨市开发区国家税务局 225011300					

第二联 发票联 受票方记账凭证

收款人：方苗　　复核人：李凯　　开票人：张亮　　承运人：（章）

附件 9.3.4

15621531 **黑龙江省增值税专用发票** **№ 00157216**

开票日期： 2015年12月8日

购货单位	名　　称：哈尔滨龙翔有限责任公司 纳税人识别号：231155777888999 地 址、电 话：哈尔滨市道外区95号 开户行及账号：工行道口支行3511132496822	密码区	

货物或应税劳务名称	规格型号	单位	数量	单价	金额	税率	税额
装卸费					943.40	6%	56.60
合　计					943.40		56.60
价税合计(大写)	※壹仟元整				小写 ￥1 000.00		

销货单位	名　　称：吉祥运输公司 纳税人识别号：230140375167329 地 址、电 话：哈尔滨市春风路98号 开户行及账号：中行春风支行71582640	备注	吉祥运输公司 230140375167329 发票专用章

第二联 发票联

收款人：丰收　　复核：李霞　　开票人：沈阳　　销货单位：（章）

附件 9.3.5

中国工商银行

转账支票存根

X Ⅵ 672016

附加信息

出票日期 2015年12月8日

收款人：吉祥运输公司
金　额：4 500.00
用　途：运输费

单位主管　　　　会计

附件 9.3.6

收 料 单

发票号：56879213号　　2015年 12 月 8 日　　No402

材料名称及规格	计量单位	数量		实际成本			
供应单位	鸿发有限公司			材料类别及编号			
		发票数	实收数	发票价格	运杂费	合计	单价
B材料	吨						
备　注							

记账联

核算　　保管　　检验　　交库

附件 9.4.1

税收通用缴款书

隶属关系：　　№ 0542857

注册类型：　　填发日期：2015年12月10日　　征收机关：道外税务局

缴款单位（人）	代　码	231155-777888999	预算科目	编码	101090300
	全　称	哈尔滨龙翔有限公司		名称	增值税
	开户银行	工行道口支行		级次	市级100%
	账　号	3511132496822	收款国库		工行道口支行
税款所属时期 2015年11月 1-30日			税款限缴时期 2015年12月15日		
品目名称	课税数量	计税金额或销售收入	税率或单位税额	已缴或扣除额	实缴金额
增值税		588 235.00	17%		100 000.00
金额合计	（大写）壹拾万元整				
缴款单位（人） （盖章） 经办人（章）	税务机关 （盖章） 填票人（章）	国库（银行）盖章		备注	

哈尔滨龙翔有限责任公司财务专用章

王刚之印

中国工商银行道口支行 2015.12.10 业务清讫

第一联（收据）国库收款盖章后退缴款单位作完税

附件 9.4.2

税收通用缴款书

隶属关系：　　　　　　　　　　　　　　　　　　　　№　0542858

注册类型：　　　　填发日期：　2015年12月10日　　　征收机关：南岗税务局

缴款单位（人）	代　码	231155-777888999	预算科目	编码	101090300
	全　称	哈尔滨龙翔有限公司		名称	城市维护建设税
	开户银行	工行道口支行		级次	市级100%
	账　号	3511132496822	收款国库		工行道口支行
税款所属时期	2015年11月 1-30日		税款限缴时期		2015年12月15日

品目名称	课税数量	计税金额或销售收入	税率或单位税额	已缴或扣除额	实缴金额
市区（增值税附征）		100 000.00	7%		7 000.00
金额合计	（大写）柒仟元整				
缴款单位（人）（盖章） 哈尔滨龙翔有限责任公司财务专用章 王之刚印 经办人（章）	税务机关（盖章） 哈尔滨市地方税务局 征税专用章 填票人（章）	中国工商银行 道口支行 2015.12.10 业务清讫 国库（银行）盖章	备注		

第一联（收据）国库收款盖章后退缴款单位作完税

附件 9.4.3

税收通用缴款书

隶属关系：　　　　　　　　　　　　　　　　　　　　№　0542859

注册类型：　　　　填发日期：　2015年12月10日　　　征收机关：道外税务局

缴款单位（人）	代　码	231155-777888999	预算科目	编码	101090300
	全　称	哈尔滨龙翔有限公司		名称	教育费附加
	开户银行	工行道口支行		级次	市级100%
	账　号	3511132496822	收款国库		工行道口支行
税款所属时期	2015年11月 1-30日		税款限缴时期		2015年12月15日

品目名称	课税数量	计税金额或销售收入	税率或单位税额	已缴或扣除额	实缴金额
市区（增值税附征）		100 000.00	3%		3 000.00
金额合计	（大写）叁仟元整				
缴款单位（人）（盖章） 哈尔滨龙翔有限责任公司财务专用章 王之刚印 经办人（章）	税务机关（盖章） 哈尔滨市地方税务局 征税专用章 填票人（章）	中国工商银行 道口支行 2015.12.10 业务清讫 国库（银行）盖章	备注		

第一联（收据）国库收款盖章后退缴款单位作完税

附件 9.5.1

中国工商银行

转账支票存根

X Ⅵ 672017

附加信息

出票日期 2015年12月12日

收款人：丰顺农贸公司	
金　额：30 000.00	
用　途：货款	

单位主管　　　　　会计

附件 9.5.2

黑龙江省农产品收购发票

发票代码075000231952

发票号码00583764

开票日期：2015年12月12日

销货人	顺风农贸公司			身份证号码									
详细地址	哈尔滨市东风镇12号												
品名	等级	单位	数量			单价	金额						
			毛重	折扣	净重		万	千	百	十	元	角	分
D材料							3	0	0	0	0	0	0
合计人民币（大写）叁万	零千	零百	零十	零元	零角	零分	3	0	0	0	0	0	0
收购单位名称	哈尔滨龙翔有限责任公司			纳税人登记证号	231155777888999								
地址电话	哈尔滨市道外区95号87563579			开户银行及账号	工行道口支行3511132496822								

第四联　记账联

收购单位（盖章有效）　　　开票人：　　　销货人签字：

附件 9.5.3

收 料 单

发票号：　　　　　　　　2015年 12 月 12 日　　　　　　　　No403

供应单位	丰顺农贸公司			材料类别及编号			
材料名称及规格	计量单位	数量		实际成本			
		发票数	实收数	发票价格	运杂费	合计	单价
D材料	千克						
备 注							

记账联

核算　　　　保管　　　　检验　　　　交库

附件 9.6.1

中国工商银行

转账支票存根

X Ⅵ 672018

附加信息

出票日期 2015年12月13日

收款人：齐重有限公司
金 额：292 500.00
用 途：机床款

单位主管　　　　会计

附件 9.6.2

21359682　　**黑龙江省增值税专用发票**　　№ 21874521

开票日期：2015年12月8日

购货单位	名　　称：哈尔滨龙翔有限责任公司 纳税人识别号：231155777888999 地 址、电 话：哈尔滨市道外区95号 开户行及账号：工行道口支行3511132496822	密码区	

货物或应税劳务名称	规格型号	单位	数量	单价	金额	税率	税额
机床		台	1	250 000.00	250 000.00	17%	42 500.00
合　计					250 000.00		42 500.00
价税合计(大写)	※贰拾玖万贰仟伍佰元整				292 500.00		

销货单位	名　　称：齐重有限公司 纳税人识别号：232311105556344 地 址、电 话：哈尔滨市百合路98号 开户行及账号：中行百合支行34568278	备注	齐重有限公司 232311105556344 发票专用章

第二联　发票联

收款人：　　复核：　　开票人：　　销货单位：（章）

附件 9.6.3

固定资产验收单

取得日期：2015年12月13日　　交付使用日期：2015年12月13日　　编号：202

固定资产名称	型号	来源	使用年月	原值				
				买价	运杂费	工程费	其他	合计
车床		外购	2015-12-13	250 000.00				250 000.00
预计残值	预计清理费用	预计使用年限	年折旧额	年折旧率	月折旧率	附属设备		
3 000.00	1 000.00	10年	24 800.00	9.92%	0.83%			

总经理	主管部门		使用部门		财会部门	
	经理	经办人	经理	使用人	经理	会计

附件 9.7.1

23057166　黑龙江省增值税专用发票　№ 7593863

记账联

开票日期：2015年12月17日

购货单位	名　　称：北辰公司 纳税人识别号：231501386570923 地 址、电 话：哈尔滨市北辰路90号 开户行及账号：农行北辰支行6287459			密码区			
货物或应税劳务名称	规格型号	单位	数量	单价	金额	税率	税额
乙产品		件	300	3 500.00	1 050 000.00	17%	178 500.00
合　计					1 050 000.00		178 500.00
价税合计(大写)	※壹佰贰拾贰万捌仟伍佰元整				(小写) ¥1 228 500.00		
销货单位	名　　称：哈尔滨龙翔有限责任公司 纳税人识别号：231155777888999 地 址、电 话：哈尔滨市道外区95号 开户行及账号：工行道口支行3511132496822			备注	哈尔滨龙翔有限责任公司 231155777888999 发票专用章		

收款人：　　复核：　　开票人：　　销货单位：（章）

第四联　记账联

附件 9.7.2

销售产品出库单

购货单位：北辰公司　　2015-12-17　　编　号：502

产品编号	产品名称	型号规格	单位	数量	单位成本	总成本	备注
	乙产品		件	300	1 500.00	450 000.00	
备　注				结算方式		运输方式	自提

部长：孙宇　　发货：李靖　　制单：张琦

第三联　财务记录

附件 9.8.1

说　　明

本公司于 2015 年 11 月 29 日由德朋有限公司购入的 B 材料 2 吨，由于质量问题将其退回，该批材料款项尚未支付。

会计主管：　　会计：

2015 年 12 月 20 日

附件 9.8.2

开具红字增值税专用发票申请单

填开日期： 2015 年 12 月 20 日　　　　　　　　　　　　NO.

销售方	名　称	德朋有限公司	购买方	名　称	哈尔滨龙翔有限责任公司
	税务登记代码	232300544666538		税务登记代码	231155777888999

	货物（劳务）名称	数量	单价	金额	税率	税额
开具红字专用发票内容	B 材料	2 吨	3 000.00	6 000.00	17%	1 020.00
	合计	————	————	6 000.00	——	1 020.00

说明

一、购买方申请 √

对应蓝字专用发票抵扣增值税销项税额情况：

1.已抵扣√

2.未抵扣□

（1）无法认证□

（2）纳税人识别号认证不符□

（3）增值税专用发票代码、号码认证不符□

（4）所购货物不属于增值税扣税项目范围□

对应蓝字专用发票密码区内打印的代码：____________

号码：____________

二、销售方申请 □

（1）因开票有误购买方拒收的□

（2）因开票有误等原因尚未交付的□

对应蓝字专用发票密码√区内打印的代码：_________

号码：_________

开具红字专用发票理由：购货方退货

申明：我单位提供的《申请单》内容真实，否则将承担相关法律责任。

申请方经办人：　　　　　联系电话：　　　　　申请方名称（财务印章）：哈尔滨龙翔有限责任公司财务专用章

注：本申请单一式两联：第一联，申请方留存；第二联，申请方所属主管税务机关留存。

附件 9.8.3

21356682　**黑龙江省增值税专用发票**　№ 26927813

开票日期：2015年12月20日

购货单位	名　　称：哈尔滨龙翔有限[illegible] 纳税人识别号：231155777888999 地 址、电 话：哈尔滨市道外区95号 开户行及账号：工行道口支行3511132496822	密码区	

货物或应税劳务名称	规格型号	单位	数量	单价	金额	税率	税额
B材料		吨	2	3 000.00	-6 000.00	17%	-1 020.00
合　计					-6 000.00		-1 020.00
价税合计(大写)	※柒仟零贰拾元整				小[illegible]020.00		

销货单位	名　　称：德朋有限公司 纳税人识别号：232300544666538 地 址、电 话：哈尔滨市德朋路81号 开户行及账号：中行德朋支行51798264	备注	德朋有限公司 232300544666538 发票专用章

收款人：　　复核：　　开票人：　　销货单位：（章）

第二联　发票联

附件 9.8.4

收 料 单

发票号：26927813　　2015年 12 月 20 日　　No405

供应单位	德朋有限公司		材料类别及编号				
材料名称及规格	计量单位	数量		实 际 成 本			
		发票数	实收数	发票价格	运杂费	合计	单价
B材料	吨	2		-6 000.00			3 000
备　注　质量不合格退回							

核算　　保管　　检验　　交库

记账联

附件 9.9.1

捐 赠 协 议 书

甲方：龙腾有限公司

乙方：哈尔滨龙翔有限责任公司

为加强联营单位协作，更好地实现双方共赢，甲方自愿向乙方捐赠 C 材料一批。双方一致达成如下协议：

第一条 甲方自愿捐赠下列价值 壹拾贰万元 （人民币）（大写）的 C 材料给乙方。

第二条 赠与财产用途：（略）

第三条 赠与财产的交付时间、地点及方式：

1. 甲方在约定期限内将捐赠物品及其所有权凭证交付乙方，并配合乙方依法办理相关法律手续。

2. 乙方收到甲方赠与物品后，出具合法、有效的财务接受凭证，并登记造册，妥善管理和使用。

第四条 甲方有权向乙方查询捐赠物品的使用、管理情况，并提出意见和建议。对于甲方的查询，乙方应当如实答复。

第五条 乙方有权按照本协议约定的用途合理使用捐赠物品，但不得擅自改变捐赠物品的用途。如果确需改变用途的，应当征得甲方的同意。

第六条 其他约定事项：____________________

第七条 本协议一式四份，甲乙双方各执两份。

甲方：龙腾有限公司

（盖章）

代表人：周宇

乙方：哈尔滨龙翔有限责任公司

（盖章）

代表人：王刚

签订时间：2015 年 12 月 23 日

附件 9.9.2

21563682 **黑龙江省增值税专用发票** № 26279834

发票联

开票日期: 2015年12月23日

购货单位	名　　称：哈尔滨龙翔有限责任公司 纳税人识别号：231155777888999 地 址、电 话：哈尔滨市道外区95号 开户行及账号：工行道口支行3511132496822			密码区			
货物或应税劳务名称	规格型号	单位	数量	单价	金额	税率	税额
C材料		千克	300	400.00	120 000.00	17%	20 400.00
合　计					120 000.00		20 400.00
价税合计(大写)	※壹拾肆万零肆佰元整				140 400.00		
销货单位	名　　称：龙腾有限公司 纳税人识别号：232300565387799 地 址、电 话：哈尔滨市景阳路62号 开户行及账号：中行景阳支行91872643			备注	龙腾有限公司 232300565387799 发票专用章		

第二联 发票联

收款人：　　复核：　　开票人：　　销货单位：（章）

附件 9.9.3

收 料 单

发票号：26279834　　2015年 12 月 23 日　　No406

供应单位	龙腾有限公司			材料类别及编号			
材料名称及规格	计量单位	数量		实际成本			
		发票数	实收数	发票价格	运杂费	合计	单价
C材料	千克	300	300	120 000			400
备　注							

记账联

核算　　保管　　检验　　交库

附件 9.10.1

关于行政办公楼改建工程领用外购材料的批示

因行政办公楼改建需要，现领用本月 2 日外购的 A 材料 300 千克，见 2015 年 12 月 2 日凭证#1。

财务部长：陈雪

2015 年 12 月 25 日

附件 9.10.2

领　料　单

领料部门：基建处　　　　开票日期　2015 年 12 月 2 日　　　字第 110001 号

<table>
<tr><th rowspan="2">材料编号</th><th rowspan="2">材料名称</th><th rowspan="2">规格</th><th rowspan="2">单位</th><th rowspan="2">请领数量</th><th rowspan="2">实发数量</th><th colspan="2">计划价格</th></tr>
<tr><th>单价</th><th>金额</th></tr>
<tr><td>13002</td><td>A 材料</td><td></td><td>千克</td><td></td><td>300</td><td>40.00</td><td>12 000.00</td></tr>
<tr><td></td><td></td><td></td><td></td><td></td><td></td><td></td><td></td></tr>
<tr><td>合计</td><td colspan="5">(大写) 壹万贰仟元整</td><td colspan="2">(小写) ￥12 000.00</td></tr>
<tr><td rowspan="3">用途</td><td rowspan="3">改建办公楼</td><td colspan="3">领料部门</td><td colspan="3">发料部门</td></tr>
<tr><td colspan="2">负责人</td><td>领料人</td><td>核准人</td><td colspan="2">发料人</td></tr>
<tr><td colspan="2"></td><td>徐熙洪</td><td></td><td colspan="2">张晨星</td></tr>
</table>

附件 9.11.1

说　明

本公司于 2015 年 12 月 17 日销售给北辰公司的乙产品 10 件，由于质量问题被退回，现开具红字增值税专用发票，该批货款尚未收回。

会计主管：　　　　　　　　　　　　　　　　　　　　会计：

2015 年 12 月 26 日

附件 9.11.2

开具红字增值税专用发票通知单

填开日期：2015年12月03日　　　　　　No15000786912125

<table>
<tr><td rowspan="2">销售方</td><td>名　称</td><td colspan="2">哈尔滨龙翔有限责任公司</td><td rowspan="2">购买方</td><td>名称</td><td colspan="2">北辰公司</td></tr>
<tr><td>税务登记代码</td><td colspan="2">231155777888999</td><td>税务登记代码</td><td colspan="2">231501386570923</td></tr>
<tr><td rowspan="3">开具红字专用发票内容</td><td>货物（劳务）名称</td><td>数量</td><td>单价</td><td colspan="2">金额</td><td>税率</td><td>税额</td></tr>
<tr><td>乙产品</td><td>10</td><td>3 500.00</td><td colspan="2">-35 000.00</td><td>17%</td><td>-5 950.00</td></tr>
<tr><td>合　计</td><td></td><td></td><td colspan="2">-35 000.00</td><td></td><td>-5 950.00</td></tr>
<tr><td>说明</td><td colspan="7">一、购买方申请☑
对应蓝字专用发票抵扣增值税销项税额情况：
1. 需要作进项税额转出☑
2. 不需要作进项税额转出□
（1）无法认证□
（2）纳税人识别号认证不符□
（3）增值税专用发票代码、号码认证不符□
（4）所购货物不属于增值税扣税项目范围□
对应蓝字专用发票密码区内打印的代码：________
号码：________
二、销售方申请□
（1）因开票有误购买方拒收的□
（2）因开票有误等原因尚未交付的□
对应蓝字专用发票密码区内打印的代码：________
号码：________
开具红字专用发票理由：因质量问题退回</td></tr>
</table>

经办人：　　　　　　　　负责人：　　　　　　　　主管税务机关名称（盖章）

注：（1）本通知单一式三联：第一联，申请方主管税务机关留存；第二联，申请方送交对方留存；第三联，申请方留存。

（2）通知单应与申请单一一对应。

附件 9.11.3

23057166　黑龙江省增值税专用发票　№ 7593864

开票日期：2015年12月26日

购货单位	名　　称：北辰公司 纳税人识别号：231501386570923 地址、电话：哈尔滨市北辰路90号 开户行及账号：农行北辰支行6287459	密码区	

货物或应税劳务名称	规格型号	单位	数量	单价	金额	税率	税额
乙产品		件	10	3 500.00	-35 000.00	17%	-5 950.00
合　计					-35 000.00		-5 950.00
价税合计(大写)	※肆万零玖佰伍拾元整				（小写）-40 950.00		

销货单位	名　　称：哈尔滨龙翔有限责任公司 纳税人识别号：231155777888999 地址、电话：哈尔滨市道外区95号 开户行及账号：工行道口支行3511132496822	备注	哈尔滨龙翔有限责任公司 231155777888999 发票专用章

收款人：　　复核：　　开票人：　　销货单位：（章）

第四联　记账联

附件 9.11.4

销售产品出库单

购货单位：北辰公司　　2015-12-26　　编　号：503

产品编号	产品名称	型号规格	单位	数量	单位成本	总成本	备注
	乙产品		件	10	1 500.00	-15 000.00	
备　注	因质量问题退回			结算方式		运输方式	

部长：孙宇　　发货：李靖　　制单：张琦

第三联　财务记录

附件 9.12.1

材料盘点报告单

2015/12/31　　　　No 010

类 别	财产名称	数量单位	单 价	账面数量	实物数量	盘 盈		盘 亏		原 因
						数量	金额	数量	金额	
	A材料	千克	40.00	800	780			20	800.00	霉烂变质
合 计									800.00	

会计主管：　　　　库管员：　　　　盘点人：

附件 9.12.2

财产清查结果处理决定

在年末财产清查中，A 材料盘亏 20 千克，属于管理不善，霉烂变质造成，计入管理费用。

财务部长：陈雪

2015 年 12 月 31 日

附件 9.13.1

增值税计算表

2015 年 12 月 31 日

本月销项税额	本月进项税额	本月进项税额转出	本月应交税金

会计主管：　　　　制单：

附件 9.14.1

城市维护建设税和教育费附加计算表

2015 年 12 月 31 日

应税项目	计税基数	税（费）率	应纳税（费）额
城市维护建设税			
教育费附加			
合　计			

会计主管：　　　　　　　　　　　　　　　　　　　制单：

附件 9.15.1

车船税计算表

2015 年 12 月 31 日

车船类别	计税单位	数量	年税额	应纳税额
合　计				

会计主管：　　　　　　　　　　　　　　　　　　　制单：

附件 9.16.1

房产税计算表

2015 年 12 月 31 日

房产原值	扣除比例	余值	税率	年应纳税额

会计主管：　　　　　　　　　　　　　　　　　　　制单：

附件 9.17.1

增值税纳税申报表

根据《中华人民共和国增值税暂行条例》第二十二条和第二十三条的规定制定本表。纳税人不论有无销售额，均应按主管税务机关核定的纳税期限按期填报本表，并于次月一日起十日内，向当地税务机关申报。

税款所属时间：自　　年　　月　　日至　　年　　月　　日

填表日期：　　年　　月　　日　　　　金额单位：元（列至角分）

纳税人识别号					所属行业		
纳税人名称	（公章）	法定代表人姓名		注册地址		营业地址	
开户银行及账号		企业登记注册类型			电话号码		

	项目	栏次	一般货物及劳务		即征即退货物及劳务	
			本月数	本年累计	本月数	本年累计
销售额	（一）按适用税率征税货物及劳务销售额	1				
	其中：应税货物销售额	2				
	应税劳务销售额	3				
	纳税检查调整的销售额	4				
	（二）按简易征收办法征税货物销售额	5				
	其中：纳税检查调整的销售额	6				
	（三）免、抵、退办法出口货物销售额	7			——	——
	（四）免税货物及劳务销售额	8			——	——
	其中：免税货物销售额	9			——	——
	免税劳务销售额	10			——	——
税款计算	销项税额	11				
	进项税额	12				
	上期留抵税额	13		——		——
	进项税额转出	14				
	免抵退货物应退税额	15			——	——
	按适用税率计算的纳税检查应补缴税额	16			——	——
	应抵扣税额合计	17=12+13-14-15+16		——		——
	实际抵扣税额	18（如 17<11，则为 17，否则为 11）				
	应纳税额	19=11-18				
	期末留抵税额	20=17-18		——		——
	简易征收办法计算的应纳税额	21				
	按简易征收办法计算的纳税检查应补缴税额	22			——	——
	应纳税额减征额	23				
	应纳税额合计	24=19+21-23				
税款缴纳	期初未缴税额（多缴为负数）	25				
	实收出口开具专用缴款书退税额	26			——	——
	本期已缴税额	27=28+29+30+31				
	①分次预缴税额	28		——		——
	②出口开具专用缴款书预缴税额	29		——	——	——
	③本期缴纳上期应纳税额	30				
	④本期缴纳欠缴税额	31				
	期末未缴税额（多缴为负数）	32=24+25+26-27				
	其中：欠缴税额（≥0）	33=25+26-27		——		——
	本期应补(退)税额	34=24-28-29		——		——
	即征即退实际退税额	35	——	——		
	期初未缴查补税额	36			——	——
	本期入库查补税额	37			——	——
	期末未缴查补税额	38=16+22+36-37			——	——

授权声明	如果你已委托代理人申报，请填写下列资料： 为代理一切税务事宜，现授权 （地址）　　　　为本纳税人的代理申报人，任何与本申报表有关的往来文件，都可寄予此人。 授权人签字：	申报人声明	此纳税申报表是根据《中华人民共和国增值税暂行条例》的规定填报的，我相信它是真实的、可靠的、完整的。 声明人签字：

以下由税务机关填写：

收到日期：　　　　接收人：　　　　主管税务机关盖章：

附件 9.17.2

企业所得税年度纳税申报表

税款所属期间：　　　年　　月　　日至　　年　　月　　日

纳税人名称：

纳税人识别号：□□□□□□□□□□□□□□□□□□□　　　　金额单位：元（列至角分）

类别	行次	项目	金额
利润总额计算	1	一、营业收入（填附表一）	
	2	减：营业成本（填附表二）	
	3	营业税金及附加	
	4	销售费用（填附表二）	
	5	管理费用（填附表二）	
	6	财务费用（填附表二）	
	7	资产减值损失	
	8	加：公允价值变动收益	
	9	投资收益	
	10	二、营业利润	
	11	加：营业外收入（填附表一）	
	12	减：营业外支出（填附表二）	
	13	三、利润总额（10+11－12）	
应纳税所得额计算	14	加：纳税调整增加额（填附表三）	
	15	减：纳税调整减少额（填附表三）	
	16	其中：不征税收入	
	17	免税收入	
	18	减计收入	
	19	减、免税项目所得	
	20	加计扣除	
	21	抵扣应纳税所得额	
	22	加：境外应税所得弥补境内亏损	
	23	纳税调整后所得（13+14－15+22）	
	24	减：弥补以前年度亏损（填附表四）	
	25	应纳税所得额（23－24）	
应纳税额计算	26	税率（25%）	
	27	应纳所得税额（25×26）	
	28	减：减免所得税额（填附表五）	
	29	减：抵免所得税额（填附表五）	
	30	应纳税额（27－28－29）	
	31	加：境外所得应纳所得税额（填附表六）	
	32	减：境外所得抵免所得税额（填附表六）	
	33	实际应纳所得税额（30+31－32）	
	34	减:本年累计实际已预缴的所得税额	
	35	其中:汇总纳税的总机构分摊预缴的税额	
	36	汇总纳税的总机构财政调库预缴的税额	
	37	汇总纳税的总机构所属分支机构分摊的预缴税额	
	38	合并纳税（母子体制）成员企业就地预缴比例	
	39	合并纳税企业就地预缴的所得税额	
	40	本年应补（退）的所得税额（33－34）	
附列资料		以前年度多缴的所得税额在本年抵减额	
	42	以前年度应缴未缴在本年入库所得税额	

纳税人公章： 经办人： 申报日期：　年　月　日	代理申报中介机构公章： 经办人及执业证件号码： 代理申报日期：　　年　　月　　日	主管税务机关受理专用章： 受理人： 受理日期：年　月　日

附件 9.17.3

城市维护建设税纳税申报表

纳税人识别号：　　　　　　　　填表日期：　　年　　月　　日　　　　　金额单位：元（列至角分）

纳税人名称			税款所属时期		
计税依据	计税金额	税率	应纳税额	已纳税额	应补（退）税额
1	2	3	4=2×3	5	6=4-5
增值税					
消费税					
营业税					
合计					
如纳税人填报，由纳税人填写以下各栏			如委托代理人填报，由代理人填写以下各栏		
会计主管 （签章）	纳税人 （公章）		代理人名称		代理人 （公章）
			代理人地址		
			经办人		电话
以下由税务机关填写					

收到申报表日期：　　　　　　　　　　　　　　　　接收人：

附件 9.17.4

房产税纳税申报表

填表日期：　　年　　月　　日

纳税人识别号 | | | | | | | | | | | | | | | | |　　　　金额单位：元(列至角分)

纳税人名称		税款所属时期			
房产座落地点		建筑面积（m^2）		房屋结构	

上期申报房产原值	本期增减	本期实际房产原值	其中			扣除率%	以房产余值计征房产税			以租金收入计征房产税			全年应纳税额	缴纳次数	本期		应补（退）税额
			从价计税的房产原值	从租计税的房产原值	税法规定的免税房产原值		房产余值	适用税率1.2%	应纳税额	租金收入	适用税率12%	应纳税额			应纳税额	已纳税额	
1	2	3=1+2	4=3-5-6	5=3-4-6	6	7	8=4-4×7	9	10=8×9	11		13=11×12	14=10+13	15	16=14÷15	17	18=16-17
合计																	

如纳税人填报，由纳税人填写以下各栏		如委托代理人填报，由代理人填写以下各栏			备注
会计主管（签章）	纳税人（公章）	代理人名称		代理人（公章）	
		代理人地址			
		经办人姓名		电话	
以下由税务机关填写					
收到申报表日期		接收人			

本表为 16 开横式

说明：1. 本表适用于中国境内房产税纳税人填报。

2. 房产原值是指纳税人按照会计制度规定，在账簿“固定资产”科目中记载的房屋原价。

3. 计税房产余值＝房产原值×(1-税法规定的扣除率)。

4. 本表一式三联，第一联纳税人保存；第二联由主管税务机关留存；第三联税务机关做税收会计原始凭证。

附件 9.17.5

车船税纳税申报表

填表日期：　　年　月　日

税款所属时期：　　年　月　日至　　年　月　日　　　　　　　　金额单位：元（列至角分）

纳税人名称			企业编码	
地　址			邮政编码	
办税员姓名		电话	税务登记证号	

车船类别	计税标准	数量	单位税额	全年应缴税额	缴纳次数	本期		
						应纳税额	已纳税额	应补（退）税额
1	2	4	5	6=4×5	7	8=6÷7	9	10
合　计								

如纳税人填报，由纳税人填写：		如委托代理人填报，由代理人填写以下各栏			
会计主管（签章）	纳税人（公章）	代理人名称		代理人（公章）	
		代理人地址			
		经办人姓名		电话	
以下由税务机关填写					
收到申报表日期		接收人			

填表说明：

1．本表适用于中国境内各类车船使用税纳税人填报。

2．企业编码是纳税人在办理税务登记证时由主管税务机关确定的税务编码。

3．车船类别依照车船使用税税额表列举的不同车船种类分别填列。车辆部分应详细填列至项目。

4．计税标准：船舶和载货汽车依照不同吨位的车船分别填列。其他车辆依照车船使用税税额表规定的不同标准分别填列。

5．年应纳税额=计税吨位×数量×单位税额或年应纳税额=计税车辆数×单位税额。

6．本表 1 式 3 联，第 1 联存根联,经税务机关审核后返回纳税人留存，作为已申报凭据；第 2 联申报联，征收机关作为户管资料留存；第 3 联记账联,征收机关计财部门留存，作为税收会计应征原始凭证。

注：本表为 A4 竖式。

第十章　总账报表会计岗位实训

10.1 总账报表会计岗位职责

（1）根据科目汇总表或汇总记账凭证登记总账。

（2）负责组织对账、结账工作。

（3）正确、及时地编制会计报表，并撰写财务分析报告。

10.2 总账报表会计岗位业务流程

总账报表会计岗位业务流程如图 10.1 所示。

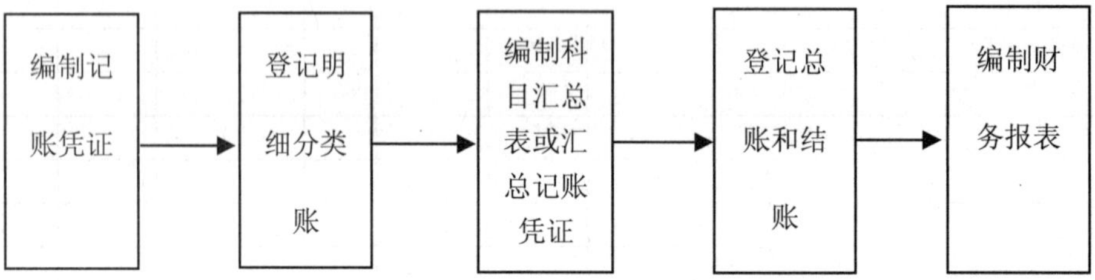

图 10.1 总账报表会计岗位业务流程图

10.3 总账报表会计岗位实训目的与要求

一、实训目的

通过本岗位实训，使学生了解总账报表会计岗位的基本职责和业务流程，掌握总账设置与登记的基本方法，掌握会计报表编制程序和方法，熟悉报表之间的钩稽关系。

二、实训要求

1. 根据资料编制资产负债表（表 10.6）。
2. 根据资料编制利润表（表 10.7）。

10.4 总账报表会计岗位实训内容

中腾股份有限公司为一般纳税人，通常适用增值税税率为 17%，所得税税率为 25%；原材料采用计划成本进行核算。

该公司 2014 年 12 月 31 日的资产负债表如表 10.1 所示。其中，“应收账款”科目的期末余额为 4 000 000 元，“坏账准备”科目的期末余额为 200 000 元。其他诸如存货、长期股权投资、固定资产、无形资产等资产都没有计提资产减值准备。2015 年 12 月 31 日总账科目余额表、往来款项明细科目余额表、长期借款情况一览表、损益类科目发生额汇总表如表 10.2、表 10.3、表 10.4、表 10.5 所示。

表 10.1 资产负债表

会企 01 表

编制单位：中腾股份有限公司　　2014 年 12 月 31 日　　单位：元

资　产	期末余额	年初余额	负债和所有者权益（或股东权益）	期末余额	年初余额
流动资产：			流动负债：		
货币资金	14 254 000		短期借款	2 000 000	
以公允价值计量且其变动计入当期损益的金融资产	150 000		以公允价值计量且其变动计入当期损益的金融负债		
应收票据	2 460 000		应付票据	1 000 000	
应收账款	3 800 000		应付账款	9 548 000	
预付款项	1 000 000		预收款项		
应收利息			应付职工薪酬	1 100 000	
应收股利			应交税费	366 000	
其他应收款	3 050 000		应付利息		
存货	25 800 000		应付股利		
持有待售资产			其他应付款	500 000	
一年内到期的非流动资产			持有待售负债		
其他流动资产			一年内到期的非流动负债		
流动资产合计	50 514 000		其他流动负债		
非流动资产：			流动负债合计	14 514 000	
可供出售金融资产			非流动负债：		
持有至到期投资			长期借款	16000000	
长期应收款			应付债券		
长期股权投资	2 500 000		长期应付款		
投资性房地产			专项应付款		
固定资产	8 000 000		预计负债		
在建工程	15 000 000		递延所得税负债		
工程物资			其他非流动负债		
固定资产清理			非流动负债合计	16 000 000	
生产性生物资产			负债合计	30 514 000	
油气资产			所有者权益（或股东权益）：		
无形资产	6 000 000		实收资本（或股本）	40 000 000	
开发支出			资本公积	8 000 000	
商誉			减：库存股		
长期待摊费用			其他综合收益		
递延所得税资产	50 000		盈余公积	1 000 000	
其他非流动资产			未分配利润	2 550 000	
非流动资产合计	31 550 000		所有者权益（或股东权益）合计	51 550 000	
资产总计	82 064 000		负债和所有者权益（或股东权益）总计	82 064 000	

表 10.2 总账科目余额表

编制单位：中腾股份有限公司　　　　2015 年 12 月 31 日　　　　单位：元

会计科目	借方余额	贷方余额
库存现金	1 500	
银行存款	16 775 450	
其他货币资金	62 500	
交易性金融资产	150 000	
应收票据	2 460 000	
应收账款	3 090 000	
坏账准备		154 500
预付账款		200 000
其他应收款	3 050 000	
材料采购	1 500 000	
原材料	7 200 000	
周转材料	8 478 000	
库存商品	9 510 000	
生产成本	962 000	
材料成本差异		100 000
存货跌价准备		750 000
长期股权投资	2 500 000	
固定资产	12 000 000	
累计折旧		2 000 000
在建工程	15 000 000	
无形资产	6 000 000	
递延所得税资产	226 125	
资产类合计	88 965 575	3 204 500
短期借款		4 000 000
应付票据		1 750 000
应付账款		8 348 000
预收账款	900 000	
应付职工薪酬		1 350 000
应交税费		416 000
其他应付款		450 000
长期借款		16 000 000
负债类合计	900 000	32 314 000
实收资本（或股本）		40 000 000
资本公积		8 000 000
盈余公积		1 279 707.50
未分配利润		5 067 367.50
所有者权益（或股东权益）合计		54 347 075

表 10.3 部分往来款项明细科目余额表

编制单位：中腾股份有限公司　　　　2015 年 12 月 31 日　　　　单位：元

科目名称	明细科目借方余额合计	明细科目贷方余额合计
应收账款	3 090 000	
预付账款	800 000	1 000 000
应付账款	200 000	8 548 000
预收账款	900 000	

表 10.4 长期借款情况一览表

编制单位：中腾股份有限公司　　　　2015 年 12 月 31 日　　　　单位：元

借款起始日期	借款期限（年）	金额（元）
2012 年 5 月 1 日	4	1 000 000
2012 年 10 月 1 日	6	5 000 000
2013 年 7 月 1 日	5	10 000 000

表 10.5 损益类科目发生额汇总表

编制单位：中腾股份有限公司　　　　2015 年度　　　　单位：元

科目名称	借方发生额	贷方发生额
主营业务收入		12 100 000
其他业务收入		400 000
主营业务成本	7 200 000	
其他业务成本	300 000	
营业税金及附加	20 000	
销售费用	200 000	
管理费用	971 000	
财务费用	300 000	
资产减值损失	309 000	
投资收益		15 000
营业外收入		500 000
营业外支出	220 400	
所得税费用	697 525	

表 10.6 资产负债表

会企 01 表

表编制单位：中腾股份有限公司　　　　2015 年 12 月 31 日　　　　单位：元

资　　产	期末余额	年初余额	负债和所有者权益（或股东权益）	期末余额	年初余额
流动资产：			流动负债：		
货币资金			短期借款		
以公允价值计量且其变动计入当期损益的金融资产			以公允价值计量且其变动计入当期损益的金融负债		
应收票据			应付票据		
应收账款			应付账款		
预付款项			预收款项		
应收利息			应付职工薪酬		
应收股利			应交税费		
其他应收款			应付利息		
存货			应付股利		
持有待售资产			其他应付款		
一年内到期的非流动资产			持有待售负债		
其他流动资产			一年内到期的非流动负债		
流动资产合计			其他流动负债		
非流动资产：			流动负债合计		
可供出售金融资产			非流动负债：		
持有至到期投资			长期借款		
长期应收款			应付债券		
长期股权投资			长期应付款		
投资性房地产			专项应付款		
固定资产			预计负债		
在建工程			递延所得税负债		
工程物资			其他非流动负债		
固定资产清理			非流动负债合计		
生产性生物资产			负债合计		
油气资产			所有者权益（或股东权益）：		
无形资产			实收资本（或股本）		
开发支出			资本公积		
商誉			减：库存股		
长期待摊费用			其他综合收益		
递延所得税资产			盈余公积		
其他非流动资产			未分配利润		
非流动资产合计			所有者权益（或股东权益）合计		

表 10.7 利润表

会企 02 表

编制单位：中腾股份有限公司　　　　2015 年度　　　　单位：元

项　　目	本期金额	上期金额
一、营业收入		
减：营业成本		
营业税金及附加		
销售费用		
管理费用		
财务费用		
资产减值损失		
加：公允价值变动收益（损失以“一”号填列）		
投资收益（损失以“一”号填列）		
其中：对联营企业和合营企业的投资收益		
二、营业利润（亏损以“一”号填列）		
加：营业外收入		
其中:非流动资产处置利得		
减：营业外支出		
其中：非流动资产处置损失		
三、利润总额（亏损总额以“一”号填列）		
减：所得税费用		
四、净利润（净亏损以“一”号填列）		
五、其他综合收益的税后净额		
（一）以后不能重分类进损益的其他综合收益		
（二）以后将重分类进损益的其他综合收益		
1. 权益法下在被投资单位以后将重分类进损益的其他综合收益中享有的份额		
2. 可供出售金融资产公允价值变动损益		
3. 持有至到期投资重分类为可供出售金融资产损益		
4. 现金流量套期损益的有效部分		
5. 外币财务报表折算差额		
六、综合收益总额		
七、每股收益：		
（一）基本每股收益		
（二）稀释每股收益		

参考文献

[1] 袁放建，肖慧霞. 会计实务综合模拟教程［M］. 上海：立信会计出版社，2011.

[2] 陈国平，张燕，费金华，等. 会计综合模拟实验［M］. 上海：立信会计出版社，2011.

[3] 罗韵轩. 会计综合模拟实验［M］. 北京：经济科学出版社，2010.

[4] 张永欣. 会计岗位综合实训［M］. 北京：清华大学出版社，2010.

[5] 隋静. 会计实务模拟教程［M］. 北京：清华大学出版社，2010.

[6] 蔡秀勇，明华. 财务会计分岗实训［M］. 武汉：华中科技大学出版社，2007.

[7] 董莉平，刘颖. 财务会计实训教程［M］. 哈尔滨：哈尔滨工业大学出版社，2010.

[8] 孟彩红，张红霞. 会计分岗实训教程［M］. 上海：立信会计出版社，2009.

[9] 张建清，王智慧. 基础会计实训［M］. 上海：立信会计出版社，2011

[10] 王沈亚香，顾玉芳. 成本会计实训［M］. 上海：立信会计出版社，2010.

[11] 戴德明，等. 财务会计学［M］. 北京：中国人民大学出版社，2009.

[12] 关玉荣. 财务会计实训教程［M］. 上海：上海财经大学出版社，2009.

[13] 史新浩，吴向阳. 企业会计岗位实训［M］. 北京：清华大学出版社，2012.